“抵御外侮——中华英豪传奇”丛书

丛书主编　张海鹏

铁血英魂

狼牙山五壮士

田超　杨宁◎著

南京出版传媒集团
南京出版社

图书在版编目(CIP)数据

铁血英魂狼牙山五壮士 / 田超，杨宁著. -- 南京 ：南京出版社，2025. 2. --（抵御外侮 ：中华英豪传奇）. -- ISBN 978-7-5533-5219-0

Ⅰ. K827＝6

中国国家版本馆 CIP 数据核字第 2025X29U59 号

书　　名 铁血英魂狼牙山五壮士
作　　者 田超　杨宁
出版发行 南京出版传媒集团
南　京　出　版　社
社　　址 南京市玄武区太平门街 53 号
邮　　编 210016
联系电话 025-83283873、83283864(营销)　025-83112257(编务)

策划统筹 卢海鸣　潘　珂
责任编辑 刘　娟
装帧设计 石　慧　王　俊
责任印制 杨福彬

排　　版 南京新洲印刷有限公司
印　　刷 江苏凤凰通达印刷有限公司
开　　本 787 毫米×1092 毫米　1/32
印　　张 5.5
字　　数 85 千字
版　　次 2025 年 2 月第 1 版
印　　次 2025 年 2 月第 1 次印刷
书　　号 ISBN 978-7-5533-5219-0
定　　价 22.00 元

上架建议：教育・历史

总　序

在中华民族的历史上，沿海倭寇的肆意袭扰，西方列强的坚船利炮，侵华日军的烽火狼烟，一次又一次将中华民族推向生死存亡的边缘，给中华民族带来了深重的灾难与难以磨灭的痛苦记忆。中国从一个封建国家演变为一个半殖民地半封建国家。国运危亡，威胁着每一个中国人。

天下兴亡，匹夫有责。抵御外侮，救亡图存，成为面临外敌入侵、民族危亡时中国人思考的第一课题。也正是在这样的危难时刻，中华民族产生出一个又一个舍生取义、矢志报国的英雄豪杰，他们一回又一回地挽狂澜于既倒，扶大厦于将倾。他们的丰功伟绩，不只是单纯地拯救了某个王朝，某个皇帝，而是拯救了整个中华民族的血脉与希望；正像我们的国歌所唱的那样：把我们的血肉铸成新的长城，他们的奋斗和牺牲，把中国的历史命运一次一次推向一个进步的新阶段；他们的高风亮节，不只是中华儿女景仰、学习的榜样，也是人类不屈不挠、英勇抗暴精神的象征。抗敌御侮的英雄事迹，构成了中华优秀传统的新的篇章。

中华民族没有在外敌面前屈服、倒下，而是在一次一次斗争后走向新生，走向进步。作为唯一延续至今未曾中断过的中华文明不断在成长，中华民族依旧傲然挺立于世界民族之林，中华民族的文化传统，不仅没有消逝在历史长河之中，反而发扬光大，成为造就中国特色社会主义的基本历史因素。

为了歌颂中华英豪的爱国精神，为了纪念中国人民抵御外侮的伟大事迹，为了弘扬优秀的传统文化，南京出版传媒集团·南京出版社推出“抵御外侮——中华英豪传奇”丛书。

这套丛书是面向青少年的普及性读物，聘请各有所长的学者撰写，力图用生动活泼的语言，引人入胜的故事，准确的历史事实，努力展现明清以来各个时期抵御外侮的英雄豪杰的事迹，描绘每一位英豪的成长历程和闪光人生，再现了他们人生的不朽光辉。丛书通过这些在抵御外侮中发挥重大作用的英雄人物，向广大青少年表达了中华民族热爱和平、热爱祖国的家国情怀。

如今，我们正走在中华民族复兴的伟大征程之上，国家发展前程似锦，国际地位日益提高，全世界的目光都在转向中国，可以说，今天的中国距离中华民族复兴的伟大梦想，比以往任何时候都更为接近了。越是在这种时候，我们越是要记住为实现中华民族伟大梦想而奋斗、而牺牲的先烈；在我们昂首阔步走向未来新征程的路上，我们更应该居安思危、以史为鉴。历史已经证明：每一段抵御外侮的历史，都是一段维护正义的历史；每一场抵御外侮的斗争，都是一场维护和平的斗争；每一次抵御外侮的奋斗，都是一次为了实现人民美好生活的奋斗，正义终将胜利，和平终将胜利，人民终将胜利。

“抵御外侮——中华英豪传奇”丛书在传播正能量、弘扬爱国主义情怀的同时，提醒我们，在和平时期，抵御外侮的精神同样不可或缺，抵御外侮的英豪也同样不应遗忘，我们今时今日所有的成就与繁荣，离了这种精神、这些英豪，都是万万不可想象的。

“抵御外侮——中华英豪传奇”丛书，不只是为了缅怀先烈，更是为了激励后人；不只是为了铭记历史，更是为了展望未来。

为青少年编写历史小丛书，是一项崇高的事业。20 世纪 50—60 年代，吴晗主编了《中国历史小丛书》《世界历史小丛书》，对当时的青少年起到了历史教育的奠基作用，事实证明是成功的出版经验。我期待南京出版社继起努力，把这个崇高的事业承担起来，拓展开来。为这个崇高的事业投入人力、物力和财力，是会得到善报的，这个善报，不在多少金钱，而在一代一代具有丰富历史知识的青少年的成长，他们将成为国家的栋梁。

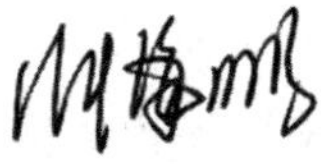

（中国社会科学院学部委员、中国史学会原会长）

目 录

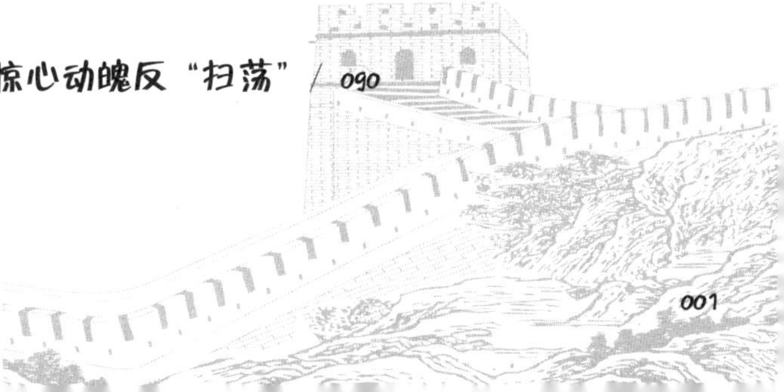

引　言

“视死如归本革命军人应有精神，宁死不屈乃燕赵英雄光荣传统。”这是当年晋察冀军区司令员兼政治委员聂荣臻为狼牙山五勇士纪念塔题的词，其中赞扬的，就是晋察冀军区第1军分区1团7连马宝玉、葛振林、宋学义、胡德林、胡福才5名战士。他们的英雄事迹，传遍了大江南北；他们的革命精神，鼓舞了万千华夏儿女为中华民族崛起而英勇斗争。

1937年卢沟桥事变后，日本帝国主义发动全面侵华战争，祖国的大好河山在日寇铁蹄的践踏蹂躏下支离破碎、四分五裂，中华大地生灵涂炭，中华民族陷入任人宰割的巨大灾难之中。在民族危亡的历史关头，中国共产党正确指引中国抗战的前进方向，成为全民族抗战的中流砥柱。无数中华儿女前仆后继，以“未惜头颅新故国，甘将热血沃中华”的大义担当，义无反顾地投身到抗击日本侵略者的洪流之中，以责任担当筑牢挽救民族危亡、保卫民族独立的钢铁长城，用精神之力引领民族浴血奋战、顽强不屈拼搏的前进道路。

“风萧萧兮易水寒，壮士一去兮不复还。”这两句悲壮的诗歌出自战国时期《易水歌》，易水就在今天河北省保定市易县。两千年后，还是这片土地，5 名八路军战士为掩护群众转移和主力部队撤退，在狼牙山棋盘坨峰顶同日伪军顽强作战到弹尽粮绝。面对步步逼近的敌人，勇士们宁死不屈，将枪支全部损毁，高呼口号纵身跃下悬崖，用生命和鲜血谱写了中华民族抗战中极为惨烈也极为壮丽的英雄史诗。

侧耳细听，似乎还能听到当年激烈的枪炮轰鸣，还能听见五壮士震耳欲聋的呐喊，能听见他们砸断枪支的决绝，能听见他们纵身一跃时耳边的风声。这声音震耳欲聋、惊天动地，这声音气壮山河、雄伟磅礴，这声音穿越至今，依然鼓舞着中国人民坚强不屈、百折不催。记录历史，记录事实，记录下前辈为革命而英勇献身的光辉事迹，这是对民族英雄的最好纪念。

战争的硝烟早已消散，距离抗日战争胜利已经过去 70 多年了。英雄虽已逝去，但他们的英魂犹存；场景虽已不再，但那豪迈跳崖的英雄本色永存。狼牙山也因为五壮士的事迹成为革命精神教育的阵地。对英雄的纪念和缅怀，彰显出全体中华儿女对历史的尊重与敬畏、对民族记忆的珍视与找寻、对民族英雄的尊崇与敬重。巍巍狼牙山，铁血五壮士。新征程上，全体中华儿女将继续传承和发扬伟大抗战精神，踔厉奋发，勇毅前行，为实现中华民族伟大复兴而不懈奋斗。

第一章　起来！不愿做奴隶的人们！

中国是一个拥有悠久历史底蕴的国家，是四大文明古国之一。中华民族有着 5000 多年的文明历史，为人类文明进步作出了不可磨灭的贡献，是世界上最伟大的民族之一。1840 年，第一次鸦片战争爆发。由于封建统治阶级的腐朽无能，西方列强用坚船利炮打开了古老中国的大门，中国逐渐沦为半殖民地半封建社会，中华民族遭受了前所未有的劫难。马宝玉、葛振林、宋学义、胡德林、胡福才在旧中国黑暗境地下长大，饱受反动势力的压迫剥削，他们痛恨这惨无人道的黑暗世道。

为了中华民族的伟大复兴，为了寻找一条挽救中国的道路，无数仁人志士高声呐喊，不少英雄豪杰为此献身。正如习近平总书记所指出的："为了拯救民族危亡，中国人民奋起反抗，仁人志士奔走呐喊，太平天国运动、戊戌变法、义和团运动、辛亥革命接连而起，各种救国方案轮番出台，但都以失败而告终。"

在国家生死存亡的危难时刻，历史和人民选择的中国共产党，以开天辟地的雄姿吹响了向黑暗旧世界战斗的号角，这号角唤醒了沉睡的大地，唤起了中华儿女的昂扬斗志。从此，革命浪潮席卷全国，在党的旗帜引领下，马宝玉等 5 位贫苦青年，也相继走上了奋勇杀敌的革命道路，成为光荣的八路军战士。

马宝玉：化仇恨为力量

蔚县，位于北京正西，河北省张家口市最南端。古称蔚州，是宋辽时期“燕云十六州”之一，数千年文明延续，形成了独树一帜的蔚州文化。1920 年 10 月的一天，蔚县陈家洼乡下元皂村农民马瑞连家，传来一声声婴儿响亮的哭声，一个男娃儿呱呱坠地了。男孩的出生无疑给这个贫寒的家庭带来了喜悦和希望。父亲给孩子起了个好听的名字：润堡子。这个叫“润堡子”的男孩就是后来狼牙山五壮士之一的马宝玉。

父亲把全家的希望都寄托在马宝玉身上，用省吃俭用攒下来的积蓄送他去上村里的私塾。但由于国内战火纷飞，百姓流离失所，生活苦不堪言，马宝玉仅读了一年的私塾就无奈作罢。

小贴士

燕云十六州：又称幽云十六州，是五代后晋皇帝石敬瑭割让给契丹的十六州的总称，相当于今北京、天津海河以北，以及河北北部地区、山西北部地区。燕云十六州地势居高临下、易守难攻，为历代兵家必争之地，宋朝三百年间，从“澶渊之盟”到“靖康之变”都与燕云十六州有着密切关系。

在黑暗的旧社会，穷人的生活总是苦难与不幸相伴。马宝玉 13 岁那年，突如其来的灾难接连降临到这个苦难的家庭，爷爷和父母在贫困中相继离开了人世，家里只剩下年迈的奶奶和年幼的兄弟姐妹 6 人。接连遭遇的不幸，使这个家庭陷入绝境。为了养活马宝玉、小弟和小妹 3 人，奶奶只能将姐姐和大妹送给人家当童养媳。姐妹俩被领走的那天，年仅 11 岁的大妹抓着奶奶哭喊：“我不走！死也不离开咱家……”5 个孩子围在奶奶身边哭成一团。

穷人的孩子早当家，为了活下去，马宝玉带着 9 岁的弟弟宝山开始了流浪生活。小哥俩翻山越岭、走村串巷，跑遍了蔚县的沟沟坎坎，给人家放羊、喂猪、跑腿儿，只要能给口吃的，什么苦活累活儿都抢着干。遇到好心的人家，多给几个钱，马宝玉舍不得花，赶紧送回家里养活奶奶和小妹。找不到活儿了，兄弟两人就沿街讨饭，讨的饭少了，马宝玉就让弟弟吃，自己饿着肚子。

在苦难的日子里马宝玉慢慢长大了，为了养家糊口，马宝玉经老乡介绍去了宣化县深井镇一家点心铺当学徒。说是做学徒，可店里所有的杂活都是他干，每天起早贪黑，十分辛苦，还经常挨老板打骂。半年后，侵华日军占领了深井镇，强行拆毁了点心铺，学徒干不成了，马宝玉便回到自己的家乡下元皂村。

1937年9月25日，由杨成武任团长的八路军第115师独立团，作为第一批开赴华北战场的部队，圆满完成了平型关战斗打援任务。此战杨成武亲临一线，以两个营的兵力挡住了日军的两个联队，为平型关大捷贡献了“1/3的战果”(聂荣臻语)。随后，部队乘胜追击，在不到20天的时间里连续收复晋察冀三省交界的7座县城，随后在各县成立了动委会、抗日救国会和工、农、妇、青等群众团体，宣传抗日，积极发动群众，开展游击战争。这其中就包括张家口蔚县。

1937 年 10 月，八路军第 115 师骑兵营向冀西挺进(沙飞拍摄)

一天，马宝玉到合西营镇找活干，看到令他震撼的一幕：征兵报名点前排起了长长的队伍，“当兵最光荣”“拿枪打鬼子”的口号声此起彼伏。马宝玉感到热血沸腾，一口气跑回家里，跟奶奶说了自己要参加八路军的志向。奶奶看着只有 17 岁还是半大孩子的马宝玉，眼泪止不住往下掉。马宝玉随后与全县 4000 名热血青年一起参加了八路军。马宝玉入伍后，吃苦耐劳，苦练杀敌本领，很快掌握了作战的基本知识，成长为一名优秀的八路军战士。

1939 年秋末的一天，连长派马宝玉去易县执行一项特殊任务，回来的途中，与几名日军迎头碰上。机智的马宝玉没等敌人反应过来，迅速投出一颗手榴弹，当场炸死一个日寇，在烟幕的掩护下，马宝玉跳到路边的田地，一路狂奔。日军向他猛追，并不停地射击，翻过一个土岭，一颗子弹打在他左腿边上，马宝玉一头栽下了坡岭。

这时，一位大娘和她的孙子在坡岭下割草，见状慌忙叫她的孙子："娃儿，快跑！把鬼子引开！"然后迅速把割下的草盖到马宝玉身上。引走了日寇，大娘把他背进一个山洞里，撕了褂襟给他包扎伤口，马宝玉这才脱险归队。军民一家亲，马宝玉时时刻刻记着乡亲们的恩情，并把这份恩情转化为杀日寇保家乡的动力，每次跟日军作战，他都奋力拼杀。

1938年9月，日本侵略军3万余人分25路进犯晋察冀边区腹地，马宝玉随部队在阜平县西庄一带阻击敌人，战斗中，他手臂负伤依旧坚持战斗，受到上级的表扬。

在战火硝烟中，马宝玉逐渐认识到，中国共产党是中国劳苦人民的大救星，八路军是真心实意带领百姓打日寇的队伍，特别是连队中的党员干部，总是冲锋在前，待战友就像亲兄弟。在革命大家庭里，马宝玉的政治觉悟不断提高。

1939年底，马宝玉光荣地加入中国共产党，党章中

“共产党员要为共产主义事业流尽最后一滴血”这句话他时刻铭记在心。

1940 年，按照上级作战部署，部队转移到马宝玉的家乡蔚县桑干河畔，连长和指导员特意批准他回家看看亲人。马宝玉已有 3 年没回家了，想着马上就要见到日夜想念的亲人，心里非常激动，不料路上碰到躲藏在树林里的本村村民告诉他：“一大早汉奸带着鬼子来咱村‘扫荡’，村里人死的死，逃的逃……”马宝玉急匆匆往村里跑，村里到处充满了血腥气息，好多房屋、柴垛还冒着烟，村口、井边、碾盘旁横七竖八躺着惨死的乡亲。

马宝玉心急如焚往家跑，刚到家门前一幕惨状就映入眼帘：大门门板被摘走了，院里一片狼藉，奶奶惨遭杀害倒在血泊中。马宝玉不觉血往上涌，两眼一黑，昏倒在地上。从此，他把对日本侵略者的刻骨仇恨埋在心里头，更加努力训练学习，很快成为全连的训练标兵。在圆满完成各种“硬骨头”任务中，马宝玉锻炼成长为八路军的一名优秀班长。

马宝玉自 1937 年 10 月参军，跟随晋察冀部队四处征战，先后参加了 1938 年 5 月的远征冀中、10 月的阜平东西庄保卫战、1939 年的攻打大龙华据点和著名的雁宿崖、黄土岭战斗以及 1940 年的晋东南战役和百团大战的涞灵战役等。在1941年的反“扫荡”战斗中，马宝玉用生命兑现了他对党的诺言。

胡福才、胡德林：叔侄携手去抗日

河北省容城县地处冀中平原中部，属于京、津、保三角腹地，在这个小县城的平王乡郭村、李朗村，狼牙山五壮士中的胡福才、胡德林于1913年、1917年先后出生在这里。他俩既是同乡又是本家叔侄关系，胡福才是胡德林的叔叔。

说起胡德林的身世，颇令人唏嘘不已。胡德林幼年丧父，孤儿寡母生活无依无靠。为了养活孩子，母亲带着胡德林改嫁本县李朗村一名老实的安姓农民。但好景不长，本村恶霸为占有他继父家仅有的二亩土地，勾结官府给安家捏造罪名，将他继父抓了差送到山上服苦役。一年后放回到家中，继父连气加累落了一身病，从此长期卧床不起，家中光景每况愈下。小小年纪的胡德林看在眼里，记在心里：这个世道太不公平了，无钱无势的穷苦人简直没法活。他发誓总有一天定要打倒欺压百姓的恶霸贪官！

胡福才和胡德林家可谓同病相怜，生活是吃了上顿没下顿，还常被有钱的人家欺负。郭村是个土地肥沃的小村庄，盛产粮食、棉花等作物，可是土地都叫地主老财霸占着，穷苦的农民只能从地主手中租地种。胡福才家里就租种了地主的几亩地，常年过着吃糠咽菜的苦日子。有时揭不开锅了，胡福才就进山里摘山核桃、野果子，到城里卖几个钱买点粮食糊口以度过饥荒。胡福才小时候由于营养不良，头发又黄又稀，像个光头，人们都喊他“秃子”，时间长了，连名字也没人叫了，都叫他“胡小秃”。直到参加八路军以后，“小秃”没人再叫了，“胡福才”三个字才逐渐响亮起来。

郭村与李朗村相距不远，土地连着边。胡福才比胡德林年长 4 岁，叔侄俩从小在一起长大，交往甚密。有一次，胡福才干活时无意间砸死了地主家的一只鸭子，地主威胁道：“若三天内不送钱来，定把你送官府治罪。”胡福才不敢回家，便跑到李朗村与胡德林商量不如二人去外面闯荡，离开这拿人不当人的地方。两人一拍即合，当晚便收拾行李，偷偷拜别亲人，奔县城而去。

叔侄俩在容城县城为了填饱肚子，什么活都干，吃尽了苦头，受尽了屈辱。1937 年 9 月 15 日，日军飞机开始轰炸县城。国民党军队第 53 军南退路过容城，容城县国民党党政当局随军南撤，当地的一些地主、土匪游民纷纷拉起武装，局面异常混乱。容城陷落后，日军肆意屠杀手无寸铁的中国百姓，叔侄俩看在眼里、恨在心中。

他们在逃难途中听说：“共产党领导的八路军从太行山上下来了，专门打日本鬼子、汉奸。”叔侄俩一商量决定去参加八路军，跟着八路军一起打日寇！

容城是进入冀中平原的大门，攻打容城是八路军东进之后的第一仗。1938 年 7 月 26 日，八路军晋察冀军区攻打容城县，战斗进行得异常激烈，叔侄俩加入群众的支前队伍，抬担架、送慰劳品，干得特别起劲，战斗结束后又自告奋勇帮助运送战利品，战士们都很喜欢这两个不知疲倦的小伙子。在欢送民工的大会上，部队领导夸奖他们任务完成得好，勉励他们回乡搞好生产。他们却不肯回去，一再要求留下跟着部队上前线打日寇。

就这样，叔侄俩都参了军，在八路军这个大熔炉里锻炼成长，成为朝夕相处的战友。在党组织的培养教育下，他们懂得为谁扛枪、为谁打仗的革命道理，练就了一身过硬的杀敌本领。他们先后参加攻打容城、保卫阜平、激战大龙华转攻雁宿崖、黄土岭等多次战斗。后来，部队整编，他们被分配到晋察冀军区第一军分区 1 团 7 连 2 排 6 班，班长就是以一柄铁锹勇夺日寇“三八大盖儿”枪的英雄马宝玉。

宋学义："叫花子"成长为八路军

河南省沁阳县王曲乡地处太行山的余脉，北孔村又紧靠沁河，地势低洼，每到雨季，山洪暴发，沁河常常泛滥成灾，田地被淹，农民辛辛苦苦种的庄稼全泡在水里，颗粒无收。加上兵荒马乱、地主阶级的盘剥，贫雇农的日子苦不堪言。遇上大灾之年，人们只能背井离乡、逃荒要饭，卖儿卖女的十之八九。

宋学义 1918 年出生在北孔村一户贫苦农民家里，宋家几代人生活在社会的最底层，家里人口众多，但只有两亩多贫瘠的田地和几间破房。祖父和父亲常年给地主打长工，累死累活一年到头收的粮食还不够向地主交租子，全家人只有靠筛下来的秕谷和糠壳掺着野菜度日，终年过着吃不饱穿不暖的苦日子。

有一年的冬天，北风呼啸，家里早就断粮多日，七八岁的宋学义实在饿得不行，便出去讨饭，穷人多，要不上，便大着胆子到地主门前去要，地主家的大黄狗“汪汪汪”叫着扑上来就咬，小学义吓得回头便跑，碗摔了，腿上也被大黄狗狠狠咬了一口，鲜血直流，回到家里母亲抱着他大哭。为了维持生计，父亲便让未成年的哥哥到太行山担挑挣钱，此后他苦命的哥哥又辗转到山西大同煤矿当了一名矿工，受尽了非人的折磨，后来被压死于煤井之下。

为了让宋学义有口饭吃，10 岁那年，他被父亲送进沁阳县城的一家面铺当了童工，小小年纪就干着大人干的活，整日累得筋疲力尽，眼冒金星。但使他更难熬的是想家，想母亲、父亲和家里的亲人。在吃不饱穿不暖的漫漫长夜里，小学义常常一个人在睡梦中哭醒。

带着婴儿行乞的贫苦穷人（美国人西德尼·戴维·甘博拍摄）

1937 年，家里无法还清埋葬祖父时借的高利贷，狠心的地主乘机把宋家仅有的二亩保命田霸为己有。从此，全家人的生活更加无法维持。这一年，卢沟桥事变爆发。随着北平、天津相继沦陷，日寇的侵略野心日益膨胀，战火一度蔓延至整个华北平原。宋学义打工的面铺撑不下去了，只能关门歇业，他只好背井离乡、四处流浪跟着别人打零工。后来打零工的活路也找不到了，宋学义只好沿路乞讨，返回家乡。

小贴士

卢沟桥事变：亦称七七事变。卢沟桥位于北京市西南丰台区永定河，因横跨卢沟河（即永定河）而得名。1937 年 7 月 7 日夜，日本侵略军在北平西南的卢沟桥以北举行军事演习，借口一名士兵失踪，炮轰宛平城，攻击卢沟桥，当地中国驻军第 29 军 37 师 219 团奋起抵抗。卢沟桥事变标志着日本军国主义发动全面侵华战争，也标志着中国人民抗日战争的全面爆发。

1938 年春，宋学义家灾祸接连不断，让本就风雨飘摇的家无法承受：年幼的妹妹被地主家抢走，顶了地租；弟弟在逃难途中遭遇日军袭击，躲藏不及惨遭杀害；无情的打击使双亲难以承受，一病不起，因无钱医治，双双离开了人世。

1939 年的夏天，被抓壮丁当兵的宋学义，逃离国民党军队讨饭到济源王屋山附近，遇到了当地一支抗日游击

沦陷区百姓逃离日寇统治的乡土（沙飞拍摄）

队，这支队伍有穿粗布军装的，有穿老百姓衣裳的，但他们精神抖擞，待人和气。宋学义便大着胆子上前打听，他们回答："俺们是共产党领导的八路军游击队，是老百姓的队伍，专门打日本鬼子！"宋学义一听说是打鬼子的队伍，非常激动地说："我要报名参加游击队，扛枪打日本鬼子。"

这是一支朝气蓬勃的革命队伍，在这里宋学义不再是一个叫花子，而是坚强的革命战士。国仇家恨让宋学义在部队中表现得非常积极，童年的经历让他更加明白改变这个旧社会的重要性，无论是学习还是战斗，他都冲在前面，争当先进。平时他练臂力、学刺杀、练瞄准，虚心向老同志们请教，一年多的时间就成长为一名优秀的战士。宋学义随部队一路北上，先后转战至山西、河北，一路上参加大大小小战斗10余次，多次受到上级表彰。后来，部队转战到晋察冀抗日根据地，宋学义被编入晋察冀第1军分区，成为马宝玉班的一名战士。

葛振林："要把一切献给党"

曲阳，历史悠久，因地处古北岳恒山（今大茂山）弯曲的阳面而得名，元朝（1271—1368年）曾一度将曲阳提升为恒州，故曲阳也有"恒州"之称。曲阳属于山区，矿产资源丰富，但能耕种的土地很少。1917年8月，葛振林就出生在这里的党城乡喜峪村。

7岁的时候，葛振林的母亲得了重病，因无钱医治，不久便离开了人世，没了母亲的葛振林生活更加艰辛了。为了补贴家用，他开始上山割草，那漫山遍野又高又厚的荆棘、野草比葛振林还高，又瘦又矮的他在野草丛里拼命地割呀割，手被磨破了，握不住镰刀，就把手和镰刀捆在一起。草割下来后，还要捆成捆，再一捆一捆背到山外卖掉。割一天草也仅能换回几个小窝头。碰上阴雨天或割了草无人要，就只能讨点残羹剩饭充饥。

葛振林渐渐长大些，靠割草已不能填饱肚子。曲阳县是出石头的地方，一些石匠把石头精雕细刻，做成石雕工艺品卖给有钱人。葛振林一个亲戚告诉他，进山背石头，送到石匠铺，比割草能多挣点。他便跟着大人进山背石头，小小年纪出着牛马力，背不动就拼命背，累得满眼冒金星，但他年小体弱，尽管使出了全身的力气也背不了多少。有一次，葛振林背石头一下子晕倒在山道上，差点儿要了命，一病十多天，多亏一位好心大叔的照料，病才渐渐痊愈。那位大叔看葛振林可怜，就劝他一起去煤窑里背煤，这样工钱也高些。于是，葛振林跟着大叔下了煤窑，当了 4 年“煤黑子”。这 4 年，他饱受剥削者的残忍折磨，过着牛马不如的悲惨生活。

1937 年 9 月，侵华日军占领保定后，曲阳县喜峪村周围数十里的村庄皆被日寇洗劫殆尽，制造了许多惨绝人寰的惨案。11 月，晋察冀军区第 3 军分区在曲阳县灵山镇成立。军分区宣讲队进驻曲阳后，在各村成立了进步组织，葛振林成为村里的民兵抗日骨干。他工作热情，一丝不苟，又有吃苦耐劳和不怕困难的精神，不久便成为民兵队长，带着民兵们征粮运粮，减租减息，支援前线。由于表现突出，葛振林被授予“模范民兵队长”的称号。

随着抗敌斗争的日益残酷，日军加紧了对根据地抗日军民的“清剿”和“扫荡”，八路军在地方游击队的配合下狠狠打击了日本侵略者，但八路军部队兵力也遭到了巨大的损失。1938年3月，为了补充兵源，第3军分区地方工作团来到曲阳县作征兵动员，在“好男儿上前线”保家卫国的参军热潮中，葛振林也报了名。他要真刀真枪地打日寇，当一名真正的八路军战士。葛振林参军后，被分配到八路军第3军分区曲阳县大队。1938年底，根据晋察冀军区的统筹安排，葛振林被分配到晋察冀第1军分区1团，后来成为马宝玉班的副班长。

1940年2月，葛振林光荣地加入了中国共产党，成为一名真正的共产主义战士，当他举起拳头在党旗下庄严宣誓时，他激动万分，情不自禁地流下了热泪。后来，他常在战友们跟前说：“从入党那天起，我就是党的人了，我要为党的事业献出自己的一切！”抗日战争时期，葛振林随部队先后参加了东庄、阜平、宋城、大龙华、南坡头、黄土岭、百团大战等战斗。

狼牙山五壮士的每位同志在参军前都饱受苦难，受尽黑暗社会的折磨和虐待，但他们在战火中逐步成长为勇敢的战士。在狼牙山阻击战中，他们以实际行动展现了中国军人的风采，用热血青春谱写了一曲八路军抗击日本侵略者的英雄篇章！

第二章　插入日军腹地的一把尖刀

晋察冀这个地名，年轻一代的人可能对它已经很陌生了，但上些年纪的人，应该是非常熟悉的。中国的省份都有自己的简称。“晋”指山西，因居太行山之西而得名；“察”指察哈尔（旧省名），首府是张家口，1952 年被撤销，其辖区并入河北、山西两省；“冀”指河北省，因位于黄河以北而得名。晋察冀就是三省交界的这一大片地区。晋察冀也叫作晋察冀边区，是中国共产党创建的第一块敌后抗日根据地，处于华北抗战最前沿，一直孤悬敌后，越打越强，曾被中共中央誉为“敌后模范的抗日根据地及统一战线的模范区”。

擎起全民族抗战的旗帜

1931 年，九一八事变后的第三天，中共中央发表《中国共产党为日本帝国主义强暴占领东三省事件宣言》，号召全国民众以民族革命战争将日本帝国主义驱逐出中国，争取民族的解放与独立。面对民族危亡，中国共产党最早发出全民族抗战号召，最早组织开展抗日游击战争，以局部抗战揭开了中国抗日战争、世界反法西斯战争的序幕。

小贴士

九一八事变：又称奉天事变、柳条湖事件。1931 年 9 月 18 日夜，日本驻中国的侵略军——关东军，自行炸毁沈阳北郊柳条湖附近南满铁路的一段路轨，反诬中国军队破坏铁路，并借此突然袭击了东北军驻地北大营和沈阳城。在不到半年的时间里，东北全境沦陷。1932 年 3 月，日本在中国东北建立了伪满洲国傀儡政权，开始了对东北人民长达 14 年的奴役和殖民统治，东北 3000 多万同胞从此饱受亡国奴的痛苦。

1935 年日军继侵占中国东北后，又发动了华北事变，妄图把华北变成第二个“满洲国”。而国民党政府屈服于日本帝国主义的淫威，继续实行不抵抗政策。在民族危机日益加深的形势下，中国共产党以国家和民族大义为重，适时提出了建立抗日民族统一战线的主张。同年10月中国共产党正式发表《八一宣言》，呼吁全国人民集中一切国力为抗日而奋斗。随着中华民族危机日益加重，抗日救亡运动更加高涨，中国共产党面临着从土地革命战争向民族革命战争转变的新形势。为此，中共中央于12月17日至25日在陕北瓦窑堡召开了政治局扩大会议，提出了建立抗日民族统一战线的主张，得到全国各界的广泛响应。中国共产党首先与东北军、第17路军等实现西北联合抗日，同时努力争取国民党当局和地方实力派联合抗日。

从红军到八路军

1936年底，西安事变的和平解决，成为时局转换的枢纽，推动了抗日民族统一战线的形成和全民族抗战的兴起。从1937年2月11日开始，国共两党高层领导在西安、杭州、庐山、南京等地进行了几次高规格的谈判，主要就编制、数额、军饷、领导机关等事项进行了磋商，但谈判进展缓慢。抗日战争全面爆发后，战局急剧变化。日军于7月底占领平津地区后，又在华北的平绥铁路东段和华中的上海地区展开新的战略进攻。8月20日，为早日实现国共两党的合作抗日，中共中央军委根据同国民党达成的协议，将陕甘宁地区的红军主力改编为国民革命第八路军（简称八路军）。9月中旬又改称第十八集团军，任命朱德、彭德怀为正副总指挥。国民党按照乙种师的标准给了红军三师六旅十二团的编制，每师1.5万人，这就是红军改编为八路军时4.5万人的由来。9月22日，《中国共产党为公布国共合作宣言》由南京中央通讯社播发；次日，蒋介石发表《对中国共产党宣言的谈话》。这个宣言和讲话的发表，标志着第二次国共合作和抗日民族

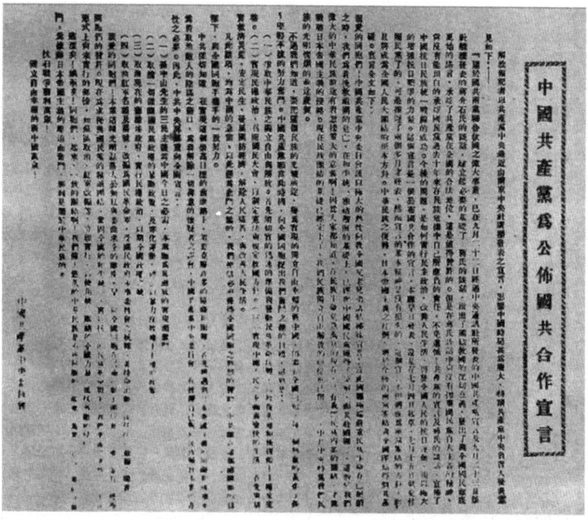

中國共產黨為公佈國共合作宣言

1937年9月22日《中国共产党为公布国共合作宣言》

统一战线正式形成。

“为了民族，为了国家，为了同胞，为了子孙，我们只有抗战到底。”八路军发出了血战到底的铮铮誓言。红军改编后，八路军总部和第115师、129师、120师分别在陕西泾阳县云阳镇、桥底镇和富平县庄里镇举行抗日誓师大会，广大人民群众从四面八方赶来参加大会，为出师抗日的子弟兵壮行。

小贴士

西安事变：亦称双十二事变。1936年12月初，蒋介石到西安迫令东北军、西北军立即率部开赴陕北前线“剿共”。12月12日，张学良、杨虎城两位将军在陕西临潼对蒋介石实行“兵谏”，扣留来陕督战的蒋介石。在中共中央和周恩来等人的努力下，蒋介石接受“停止内战、联共抗日”等六项主张。但蒋介石后来背信弃义，使张学良遭长期监禁，杨虎城惨遭杀害。

建立敌后军队的"家"

七七事变后，全国抗战爆发后的新形势，要求中国共产党及其领导下的人民军队必须正确解决如何抗战和取得最后胜利的问题，需要适时制定新的路线、方针和任务。8月22日至25日，中共中央在陕西省洛川县冯家村召开政治局扩大会议，通过了《中央关于目前形势与党的任务的决定》和《中国共产党抗日救国十大纲领》。会议确立了毛泽东提出的坚持独立自主的山地游击战的战略方针，做出了创建敌后抗日根据地的战略决策。

9月25日，毛泽东作出关于"整个华北工作应以游击战争为唯一方向"的重要指示。从洛川会议确立的敌后游击战战略以及相对应的原则可以看出，红军改编为八路军走上抗日战场后，是以挺进敌后进行游击作战为基本方略的。敌后作战意味着在日军占领区活动，没有根据地就没有粮源、兵源、财源，敌后游击战也就难以维持。有鉴于此，挺进敌后的八路军最紧迫的任务，除了打击日本侵略军外，就是建立根据地以发动群众，最终让活动在敌后的军队有自己的"家"。

打破日军不可战胜的神话

卢沟桥事变后，气焰极为嚣张的侵华日军，在夺取平津之后，以大约 30 万兵力，兵分三路，沿平绥、平汉、津浦铁路长驱直入，妄图“速战速决”，叫嚣着要在三个月内灭亡中国。当时在南京、上海、武汉等地，“恐日病”和“亡国论”甚嚣尘上。人们都盼着中国的军队能够打一个胜仗，哪怕是一个小小的胜仗也好啊！

1937 年 9 月，聂荣臻在晋北平型关观察地形指挥作战（沙飞拍摄）

当八路军辖属第115师、120师、129师等部队先后东渡黄河，开赴华北抗日前线之际，日军把进攻的矛头指向山西。日军由晋东北出兵企图南侵太原。国民党第二战区制定了沿长城各隘阻击日军的作战计划，并请求八路军配合侧击日军。为配合友军作战计划，八路军第115师冒雨埋伏于平型关两侧高山。平型关位于山西省东北部，是晋东北的一个咽喉要道，两侧峰峦迭起，陡峭险峻。1937年9月25日拂晓，日军精锐部队第5师团第21旅团及大批辎重部队，进入八路军伏击圈内，第115师各团将日军大部队“拦头”“斩腰”“断尾”，分割包围，猛击痛打。经过激烈战斗，八路军一举歼灭日军精锐1000余人，毁敌汽车100辆、马车200辆，缴获兵炮1门、轻重机枪20多挺、步枪1000多支，另有其他大量战利品。

胜利的消息传到延安后，毛泽东兴奋地向朱德和彭德怀致电：“贺我军的第一个胜利！”

“首战平型关，威名天下扬”，平型关大捷被写进了《八路军军歌》。平型关战役的胜利，是1931年九一八事变后中国军队第一个胜仗，打破了日军自作战以来不可战胜的神话，振奋了国人，震惊了世界。

小贴士

平型关大捷：1937年9月25日，为了配合和支援友军的正面防守作战，阻挡日军攻势，八路军第115师在平型关充分发挥近战和山地战的特长，对日军进行伏击战。这次战斗，是华北战场上中国军队主动寻歼敌人的第一个大胜仗，鼓舞了全国军民的抗战斗志，打开了中国抗日战争的新局面，提高了共产党和八路军的威望，为在敌后建立根据地创造了良好条件。

临危受命聂司令

1937年8月，按照中央军委命令，红1军团、红15军团，以及1000余人的陕南红74师改编为八路军第115师。第115师辖343旅、344旅两个旅，有685、686、687、688四个团。由于国民党政府限制我军师的番号，改编到最后，红1军团还多出来了杨成武、邓华的红1师1500人，只能改称第115师独立团。

9月24日，毛泽东根据华北战场形势的发展，明确指出："目前应以全力布置恒山、五台、管涔三大山脉之游击战争，而重点于五台山脉"，因此，"应设置军政委员会一类的领导机关，应选择能独立领导党政军各方面之干部，应立即开始普遍的组织地方支部及群众组织，在半个月内应全部布置完毕，并表现初步成绩"。平型关大捷后，八路军第115师转移到五台山脚下休整。

10月20日，毛泽东再次发来电报，指出：敌（有可能）占太原，战局将起极大极快之变化，第115师等部和八路军总部有被敌隔断的危险。因此，拟作以下部署：留第115师独立团在恒山、五台山地区坚持游击战争，第115师主力转移到汾河以西吕梁山脉，总部应该转移至孝义、灵石地区。

根据这一精神，当时八路军第115师五台山地区留下来的部队，只有独立团（杨成武、邓华）和骑兵营，八路军总部特务团一部，加上其他一些小单位，总共3000余人。他们的周围全都是正在势头上的侵华日军。同时，当地各县的国民党政权机构完全瓦解，社会秩序极其混乱，土匪遍地，兵痞流氓纷纷结伙抢劫，给留守部队的后勤供应带来了极大的困难。

小贴士

五台山：位于山西省忻州市，其中五峰耸立，峰顶平坦如台，故名五台。五台山作为太行山的龙头，被称为“华北屋脊”。可谓居高临下，群山峰峦环绕，是退可守、进可攻的兵家必争之地，有着十分重要的战略地位，并以其悠久的历史文化和规模宏大的寺庙建筑群位居四大佛教名山之首。

如此单薄的兵力，如此复杂的局面，孤悬敌后的这支部队恐怕连生存都是个大问题，又谈什么开辟根据地呢？很多人心里没底，感到困难重重，这就需要挑选一位能独立领导党政军各方面工作的干部来领导。最合适的人选到底是谁呢？

10月25日，中共中央军委华北军分会在《关于冀察晋绥军事部署的报告》中正式提出：“平绥以南、同蒲以东、正太以北、平汉以西为晋察冀军区，以聂荣臻为军区司令员兼政委。”

小贴士

聂荣臻：1899 年 12 月 29 日生于四川江津吴滩镇。大革命时期曾在黄埔军校任政治教官。土地革命战争时期参加了著名的南昌起义、广州起义，到中央革命根据地后，担任红一军团政治委员。他既有丰富的革命斗争、武装斗争经验，又有卓越的组织才能，可以说是领导创建晋察冀抗日根据地的最佳人选，被毛泽东誉为“厚道人”，又被称为“福帅”。1955 年被授予元帅军衔，曾获一级八一勋章、一级独立自由勋章、一级解放勋章。

太原失守后，华北地区国民党正面战场的作战基本结束，共产党领导的敌后游击战争上升到主要地位。至此，晋察冀三省边界地区完全被分割在敌后，华北的抗战形势进入了游击战争的新阶段。在局势瞬息万变的凶险环境下，肩负重任的聂荣臻在五台山上奋笔写下了两句话：“为保卫祖国而奋斗到底，誓与华北人民共存亡！”

1938 年 6 月，在延安的加拿大共产党员白求恩奔赴晋察冀之前，毛泽东专门同他谈了话。毛泽东说：“中国有一部很著名的古典小说，叫作《水浒传》。《水浒传》写了鲁智深大闹五台山的故事，五台山就在晋察冀。”毛泽东接着风趣地说：“五台山，前有鲁智深，今有聂荣臻。聂荣臻就是新的鲁智深。”大致的意思指当年鲁智深搅闹五台山，而今聂荣臻带着部队又让五台山地区的侵华日军不得安宁，足见晋察冀抗日根据地的重要意义，也足见聂帅在这其中发挥的重要作用。

五台点燃抗日烽火

八路军各部遵照中共中央关于华北独立自主山地游击战的战略方针，发动群众，扩大武装，建立游击区，创建华北抗日根据地。

1937年10月，杨成武率领八路军第115师独立团活动于灵丘、广灵和涞源一带，并乘胜收复了阳原、浑源、易县等县，打开了晋察冀地区北部的局面。刘云彪、蔡顺礼率领骑兵营越过太行，活动于阜平、曲阳，向平西、平绥和平汉北段铁路挺进，开辟了冀西抗日游击区。赵尔陆、舒同等率领一部分军政人员组成工作团在部分兵力掩护下，活跃在五台山以西的定襄、代县、繁峙、崞县等地，摧毁伪政权，建立游击队，开辟了晋东北抗日游击区。第343旅副旅长周建屏率领工作团在一部分兵力的掩护下，活跃在正太路以北的平山一带，组织农村游击队，打开了晋察冀南部的局面。各路武装打开局面后，各地区地方党组织大力进行发动群众、建立政权和组织游击队的工作。在晋东北，宋邵文以山西第一区政治部主任公署主任的合法身份向晋东北、雁北18县派出县长，建立各县救国会。在冀西，中共地方组织在八路军工作团协助下，普遍组织了半政权性质的战地动员委员会，并成立抗日义勇军、自卫军、游击队等抗日组织。到10月下旬，以五台、阜平、平山为中心的抗日根据地初具规模。从此，拉开了开辟华北敌后战场、创建晋察冀抗日根据地的序幕。

山沟沟里的司令部

抗日武装的壮大迫切需要建立统一领导晋察冀地区武装力量的军事领导机关。11月7日，根据中共中央的决定，晋察冀军区在山西五台县石咀的普济寺正式成立，聂荣臻为司令员兼政治委员，下辖4个军分区。当时日军正集中兵力长驱直入，后方相当空虚，加上五台山等地不是交通要道，所以日军一直没来。聂荣臻非常敏锐地

1937 年秋，杨成武支队向长城内外进军(沙飞拍摄)

意识到，必须抓住这个有利时机，大刀阔斧地开创根据地。

抗日烽火虽然燃起，但聂荣臻总觉得把军区指挥机关设在五台，位置并不适中，应该往东靠一靠。他决定到河北阜平去，那里靠近平汉铁路，铁路两侧人口稠密，利于发动群众，扩大武装，也有利于今后向富裕的冀中、冀东地区发展，这样就选中了河北阜平。

阜平地处太行山东麓，西连山西，北连察哈尔，东南连接整个燕赵大平原，是两省四市九县交汇处，被誉为

“冀晋咽喉”“畿西屏障”，得天独厚的地理条件，使它成为创建根据地的绝佳选择。

1937 年 11 月 18 日，聂荣臻率领军区机关抵达阜平。“阜平”这一地名与阜平特殊的地形有关。阜平山地面积占 75%，山多、坡陡、沟深，但县城附近却处于谷地，地势平坦。“阜”字可以做“土山”解释，也可以认为是“丘陵”，这种说法确实有一定道理。不过，我们换一下思维模式，“阜平”中的“阜”包含安定、富有的深意，那么“阜平”也可以解释为和谐安定或兴盛平安之意。但河北的老乡却有句俗话，叫作“平山不平，阜平不富”。当年仅 9 万人口的

1937 年 11 月 18 日，聂荣臻率部队进驻阜平（沙飞拍摄）

阜平，过去是一个不被人重视的山城小县，穷得很，但群众基础深厚，这使远道而来的八路军很快得以在此扎根、壮大。不久，晋察冀省委在阜平正式成立，各地区党的特委和县以下组织也先后建立起来。至此，晋察冀边区中心根据地初步形成。

布迷局巧破“八路围攻”

作为敌后抗战的最前沿，晋察冀军区的成立，大大振奋了这一地区军民的抗战精神。各分区的部队、新建立起来的游击队，四处袭扰敌人，断敌交通，恢复城镇，使敌人日夜不得安宁。为了消除这个后顾之忧，日本华北方面军司令寺内寿一调集近 4 个师团共计 2 万余人，兵分八路对晋察冀边区实施围攻，企图摧毁初创的晋察冀抗日根据地，消灭或驱逐抗日武装力量，保障其后方和交通线的安全。

面对来势汹汹的日军，晋察冀军区首长冷静分析日军动向，认真研判战场态势，针对敌人对地形不熟等情况，决定充分发挥八路军灵活机动的优势，确定了“以游击队不断袭扰、消耗、疲惫敌人，以主力隐蔽集结，待机歼敌”的作战部署，决心采取以老带新的方式组建游击队，广泛袭扰、消耗、疲惫围攻之敌；以部分游击队昼夜袭击日军后方据点和交通线，牵制和迷惑日军；以 4 个军分区主力部队分散隐蔽集结、寻机歼敌。在不到一个月的时间里，晋察冀军民连打了几个胜仗，缴获大量武器弹药和军需用品，敌人除占领了根据地边缘的几座县城之外，别无所获，不得不全线撤退。

首度交锋，日军便深感晋察冀军区的实力已经大大超乎了他们的想象。此战中，八路军第 120、129 师密切配合，及时在同蒲、正太铁路沿线积极开展破袭战，既阻止了日军的快速增援，又牵制了围攻之敌的回援，有力支

1938 春，八路军战斗在河北涞源县浮图峪古长城（沙飞拍摄）

援和配合了晋察冀军区部队的反围攻作战。此后，晋察冀抗日根据地在敌后不但站稳了脚跟，而且在强敌围攻中不断发展壮大。

晋察冀在夹缝中扎下根

日本侵略者本打算侵占华北以后，继续执行“速战速决”的方针，妄想在三个月内灭亡中国，可是，他们没有料到，后方受到了八路军日益频繁的袭击，使他们的精锐部队连吃败仗。在这里，战争不是趋向于结束，反而是越来越扩大，越来越激烈。日本侵略者对新生的晋察冀根据地恨之入骨，他们的报纸曾这样写道：“五台山岳地带为共产军在山西蠢动之策源地，更为向河北、绥远、平津诸地方实行赤化工作之根源。”敌后抗日根据地在当时还很弱小的八路军的心目中，越来越占有无可替代的地位。

1938 年 2 月，毛泽东在与合众社记者的谈话中说，第八路军现在共在四个区域中进行广大的游击战，“第一个区域是平汉、平绥、正太、同蒲四铁路中间及其以东以北的地域。这地域拥有坚决反日的 1200 万民众，都与军队密切结合着，这是一个极大的抗战的堡垒。第八路军在这里已经立稳了脚跟，虽然敌人正在加紧进攻这个区域，但要驱逐他们是不可能的，歼灭更不可能”。这里指的就是晋察冀抗日根据地。从晋察冀根据地开始，敌后根据地如同四散的火星迅速形成燎原之势……在正面战场节节推进的日军突然发现，他们占领了土地，却并没有成为这些土地的主人。据日军战史记载，1938 年 9 月 15 日，日本华北方面军司令官寺内寿一大将在报告中指出：“皇军威力未曾达到的山西北部及连接太行山脉的山岳地带，乃共军巢穴，其影响至今及于华北全区。因此必须彻底扫除，以绝后患。”

操练中的晋察冀边区民兵自卫队(沙飞拍摄)

第三章　真正的铜墙铁壁

“红日照遍了东方，自由之神在纵情歌唱！看吧！千山万壑，铁壁铜墙！抗日的烽火燃烧在太行山上！气焰千万丈！听吧！母亲叫儿打东洋，妻子送郎上战场。我们在太行山上……”这是曾经响彻华北大地并传唱至今的抗战经典歌曲。正是由于根据地军民的密切配合，英勇战斗，使得日军在狼牙山地区寸步难行，狼牙山抗日根据地在强敌围攻中不断发展壮大。

聂司令“撒豆成兵”

1937 年 9 月，八路军第 115 师五台山分兵，只留给聂荣臻 3000 余人。司令部机关人手更少，大家开玩笑说：“要问司令部有多少人，一盆菜就够吃了，一条炕就够睡了。”

聂荣臻知道，要想打击日军、建立敌后抗日根据地，关键是要有更多的武装力量，这关系到敌后根据地开辟和抗战的成败。刚开始成立晋察冀军区的日子里，聂荣臻司令员整天想着如何扩大军队，连做梦都想自己能“撒豆成兵”。但他也明白，这个“豆”就是敌后广大的人民群众。

河北平山青年报名参军（沙飞拍摄）

在八路军工作团开辟地方工作的过程中，中共地方党组织发挥了重要作用。他们发动群众，组织抗日武装，配合八路军开辟根据地。抗日游击战争的广泛开展，大大激发了群众的抗日热情。他们积极组织起来，搜集国民党溃军扔下的枪支弹药武装自己，游击队、义勇军、自卫队和各种抗日团体，如雨后春笋般涌现并迅速成长起来。

当时的平山、阜平、曲阳等地，在抗战前党的群众工作开展得十分扎实，群众的抗日热情很快就被调动起来，出现了参军热潮，成群成批的热血青年竞相报名参军，出现了“母亲叫儿打东洋，妻子送郎上战场”的动人情景。在送青年参军时，青年们戴红花、骑大马，村、区干部带头祝贺，群众敲锣打鼓放鞭炮，比过节还热闹。许多地方的群众都以家中有人参加八路军为最高荣誉，因此，晋察冀出现了这样的奇观：父子一起参军，兄弟争相入伍，许多村庄青壮年男子成班、成排，甚至成连地参加八路军，一个八路军新组建的团都是平山人，因此该团被命名为“平山团”，类似的还有“阜平营”“曲阳营”“灵寿营”等。一看名字就知道这些部队的成分。聂荣臻给这些部队起了一个响亮的名字，叫“子弟兵”。这样称呼，就把部队担负的任务和群众的切身利益紧密结合在一起了，更能体现军民的鱼水深情。战士们保卫家乡，就是保卫边区，就是保卫祖国。这些家乡子弟兵经过战斗的磨砺，慢慢从“土八路”变成正规军和主力部队。后来，为表彰作战勇敢的八路军指战员，晋察冀边区还特别设定了“子弟兵战斗英雄”称号。

著名民主人士李公朴在《华北敌后——晋察冀》一书中称颂道：“子弟兵是老百姓的儿子，坚决打鬼子的抗日

1939 年 6 月，河北阜平参军大会上给参军家属发馒头（沙飞拍摄）

部队的兄弟，是在晋察冀生了根儿的抗日军。”后来，“人民子弟兵”这 5 个金光闪闪的大字，成为中国人民解放军的代名词，响遍了中华大地，一直沿用至今。

在扩大队伍的过程中，还有一个重要的环节，那就是改造杂色武装。改编杂色武装，也是晋察冀武装力量发展的一个方面。晋察冀创建根据地之初，大家常用这样一句话形容杂色武装之多之广：“司令遍天下，主任赛牛毛。”几个人、几条枪聚在一起，就可以自称司令。特别是河北省杂色武装很多，仅北平到保定的铁路两侧，就有十几股较大的杂牌军队。他们自称“九路军”“十路军”“十一路军”，招牌比八路军还大。

小贴士

杂色武装:在抗战的特定历史条件下出现的产物。日本侵略者的铁蹄踏进华北,国民党军队弃地南逃,旧政府官吏作鸟兽散。在这种混乱不堪的无政府状态下,各式各样的地方武装就应运而生了。这些地方武装中的绝大部分处于抗战的十字路口,如果引导得法,就能成为抗战的力量,否则就会成为侵略者的帮凶。

聂荣臻等八路军领导人看到这是一股可以改造利用的力量,于是在改造这些杂色武装上下功夫。对于那些具有朴素爱国情怀、真心抗日的队伍热烈欢迎、真诚对待,比如由陈凤桐领导的“晋北游击队”就很快被吸收,这支武装迅速成长为一支抗日劲旅,其中就有后来牺牲在平北绰号“小白龙”的抗日名将白乙化。比如对待王溥领导的游击军也给予了热情支持和无私帮助,并改造成为一支纯洁的抗日队伍,后来王溥在抗战中壮烈牺牲。而对于那些成分复杂的队伍则长期观察、耐心工作、区别对待。对那些反复无常、本性难移、勾结日军、甘当汉奸的队伍则坚决消灭。到1939年底，经收编、改造，各路杂色武装基本上都销声匿迹了，晋察冀的人民武装，真的就像滚雪球一般越滚越大，成倍放大。聂荣臻司令员“撒豆成兵”的梦想得以实现。

真正的铜墙铁壁

晋察冀边区政府在创建晋察冀根据地过程中，建立健全党的领导机构和政权组织，大力发展正规军、游击队和民兵组织，把人民充分发动了起来，使敌后抗战和持久抗战有了坚强堡垒。全民族抗战是中国人民抗日战争胜利的重要法宝。当时，华北平原上的一个庄户人家写下这样一副对联：“万众一心保障国家独立；百折不挠争取民族解放。”横批是：“抗战到底。”这是中华儿女同日本侵略者血战到底的怒吼，是中华民族抗战必胜的誓言。

1938年冬天，平山县抗日民主政府和社会各界抗日组织相继成立，各级农会积极发动广大农民减租减息，长期饱受高额地租和高利贷盘剥的穷苦农民，发自内心地拥护共产党。抗战期间，当时只有25万人口的平山县为八路军各部队输送优秀儿女12065名，其中5508人为国捐躯，很多村庄2/3的家庭都是烈属。抗日战争时期，聂荣臻及边区党政军机关共在这里战斗生活了3年零2个月。平山人民用鲜血、乳汁哺育了中国革命，用小米、土布养育了人民子弟兵……

由于紧紧地把握住了发动群众这一条，八路军不仅在山地站住了脚，而且在平原地区扎下了根。冀西、冀中、平西、平北、冀东几个地区连成一片，相互支援，互为依托。山地是后方，平原是粮仓。当平原上的斗争不好坚持的时候，部队可以撤到山岳地区休整；当山地需要粮食和布匹供应的时候，平原地区给予大力支援。

在中央档案馆有一份1942年平山县抗日政府的档案。这份馆藏档案中的手绘草图，清楚地勾勒出日军在平山的山区与平原之间缓冲地带修建的一条封锁沟。这条封锁沟从井陉山区出发，向东北途经平山的回舍、南水、西大吾、两河、三汲等三十几个村庄，一直延伸至灵寿山区，绵延40公里。日军就是利用这条封锁沟，妄图把在平山西部山区坚持抗日的军民困死在山中。为打破敌人的经济封锁，东南部平原敌占区党组织以农民合作社的名义，在各村征粮。而根据地则派出大量民兵在夜幕掩护下，前往敌占区背粮。当时，摆在平山民兵面前有两道难关：绵延40公里的封锁沟和两岸遍布明碉暗堡的滹沱河。仅1941年，平山县就出动了4万多民兵，背运粮食37万8000斤，他们以自己的生命为代价保证了八路军的粮食供应。此后4年，从未停止。背粮的路上洒满了平山军民的鲜血和汗水。

1938年，支前群众运公粮（沙飞拍摄）

“最后一粒米，送去做军粮；最后一尺布，送去缝军装；最后一件老棉被，盖在担架上；最后一个亲骨肉，送去上战场。”晋察冀根据地的人民群众，用血肉筑起任何力量也打不破的真正的铜墙铁壁，日军所犯之处，既得不到真实可靠的情报，又找不到任意驱使的群众，更抢不到粮食和物资，成为“聋子”和“瞎子”。正如毛泽东在《论持久战》中所说:“只要动员了全国的老百姓,就能陷敌于灭顶之灾的汪洋大海,人民战争的力量是无穷无尽的。”

埋伏下神兵千百万

晋察冀的战略位置十分重要,它像一把尖刀直插敌方占领区域的心脏,这也意味着是兵家必争之地。晋察冀抗日根据地的创立与发展,引起了日军极大的恐慌,他们采用各种手段对晋察冀抗日根据地进行残酷的“扫荡”“蚕食”。抗日战争艰苦卓绝,在党的领导和毛泽东人民战争思想指引下,晋察冀分局和晋察冀军区实行主力部队地方化,采取“敌进我进”“向敌后之敌后伸展”“把敌人挤出去”等军事斗争方针。晋察冀抗日根据地建立起了主力兵团、地方武装和民兵自卫队“三位一体”的武装力量体系。在主力部队的指导和帮助下,各根据地的广大民兵和自卫队活跃在敌后广阔的战场上,依托高山密林、江河湖泊、平原地道和“青纱帐”,到处摆开杀敌的战场。

地道战是在抗日战争时期,在华北平原上抗日军民利用地道打击日本侵略者的斗争方式。经过不断的发展,从单一的躲藏成为能打能躲、防水防火防毒的地下工事,并逐渐形成了房连房、街连街、村连村的地道网,内外联防，互相配合，打击敌人。以冉庄地道战为例，冉庄附近的日军经过多次失败后哀叹：宁绕黑风口，不在冉庄走。1944年曾亲身参加冀中九分区皮里村地道战的美军观察组成员杜伦连声称赞："共产党伟大！八路军伟大！地道了不起！共产党、八路军一定胜利！"地道战在整个华北平原上构筑起一道地下长城，创造了人类战争史上的奇观。

电影《地雷战》中有段经典台词："鬼子少了咱就干，鬼子多了咱就转。躲在暗地打冷枪，埋好地雷远远看，鬼子挨炸又挨打，一个人影看不见！"这就是民兵地雷战的打法，留给人们许多关于抗战的记忆。无论山区还是平原，群众自己动手，就地取材，土法上马，制造了铁地雷、木地雷、石地雷、瓷地雷等，发明了拉火雷、踏火雷、电火雷、定时雷、连环雷、绊雷、跳雷、飞雷等几十种埋雷方法。各式各样的地雷和雷阵，对打击运动之敌、杀伤"扫荡"之敌，都发挥了很大的作用。北岳区阜平县五丈湾村著名的民兵爆炸英雄李勇和他的爆炸组，利用地雷战先后炸死、炸伤日伪军362人，炸毁汽车25辆。在缴获的一本日军军官的日记中曾记载："地雷战效力很大，当遇到爆炸时多数要骨折，大量流血，大半要炸死，使我将兵精神上受到威胁。"日寇曾叫嚣用100个"皇军"换李勇。

忽来忽去、时聚时散，如同麻雀啄食，避实击虚，相机而动，这就是山区麻雀战，被称为世界反法西斯战争中创造的 15 种特殊战术之一。

破袭战是广大民兵和群众创造的又一战法。广大民兵经常以隐蔽、突袭的战斗，配合正规军对敌人的铁路、公路和交通枢纽进行破坏，把数百公里长的铁路、公路全部破坏，将电线割断、电杆锯倒，使敌人的交通和通信联络陷于瘫痪。在著名的“百团大战”中，仅冀中的民兵和群众，就有 35 万人参加了破袭敌交通线的斗争。

新中国成立后，在很多反映抗战的黑白老电影中，“晋察冀”是个经常被提及的称呼，“我晋察冀部队”“我冀中部队”“晋察冀军区”“晋察冀抗日根据地军民”……黄土岭上“名将之花”凋零、白洋淀中雁翎英雄驰骋、气壮山河的狼牙山五壮士、地道战、地雷战、敌后武工队……这些都是当年发生在晋察冀抗日根据地的传奇故事。经过艺术加工，电影工作者陆续拍摄创作了一大批反映八路军抗战故事的经典影片，塑造了许多血肉丰满、性格鲜明的抗日英雄形象。“放下你的武器，中国的地面上决不能让你们横行霸道。”这句经典台词出自电影《平原游击队》，是游击队长李向阳对日军中队长松井义正词严的警告，更是广大中国人民对日本侵略者发出的怒吼，是最铿铿锵有力的抗战宣言。源于晋察冀根据地往事的许多老电影，这些生动形象的活教材，值得一代一代中国人不断回眸。

抗战时期民兵使用的武器（狼牙山五勇士陈列馆藏）

模范的抗日根据地

聂荣臻司令员曾说："在敌后建设根据地，决不单纯是一个军事斗争的问题，没有政治、经济、文化等各方面的斗争相配合，根据地就不能巩固，军事斗争也不能胜利。"其实，到阜平前聂荣臻就考虑，建立敌后抗日根据地，除了发展武装力量之外，还要建立起新的抗日民主政权，这样才能安定人心。

1938年1月10日，晋察冀边区第一次军政民代表大会在阜平县城第一高小隆重召开。参加大会的代表共146人，代表着边区39县的县政府，1000余万的民众，代表着拥有120万民众的114个民众团体，代表着全边区的正规军与民众武装游击队、自卫军，代表着少数民族，代表着宗教界人士，代表着国共两党。

会议选举产生了“晋察冀边区行政委员会”（即边区政府），这是中国共产党在华北敌后创建的第一个统一战线性质的抗日民主政权。它颁布实施的各项政策法令，稳定了社会秩序，根本改变了国民党军队败退和政权垮台后出现的混乱局面，使敌后抗战力量得到迅速发展。

1938年1月，晋察冀边区军政民代表大会全体代表留影（沙飞拍摄）

1938年10月5日，中共六届六中全会主席团在致晋察冀根据地的电报中说："你们已经创造了晋察冀边区成为敌后模范的抗日根据地及统一战线的模范区。这些都在华北抗战中已经和将要尽其极重大的战略作用，而且你们的经验将成为全党全国在抗战中最有价值的指南。"这份电报充分肯定了晋察冀边区各方面的斗争成就，也是晋察冀被称为"抗日模范根据地"的最早由来。

中国革命走的是农村包围城市的道路，正是在抗日战争时期，共产党在敌后广泛开展游击战争，建立根据地，才真正形成了农村包围城市的战略格局。

1940年3月，毛泽东在为中共中央起草的《关于抗日根据地政权问题的指示》中，第一次正式提出"三三制"原则。很快，河北各敌后抗日根据地按照这一指示，开始在政权建设中普遍采用"三三制"。晋察冀边区自下而上进行了村、区、县、边区各级政权的民主选举运动，使民主制度在边区更加完善起来。在这次选举中，群众参与的广泛性是前所未有的。据不完全统计，在晋察冀边区参加选举的选民占全部选民的80%以上，其中县选的选民占全部选民的86.3%，参加区参议会选举的选民占全部选民的91.1%。尤其是在边区中心地带的阜平、平山，选民参与率更是超过了98%，有的村子甚至达到了100%。就是在游击区的一些县里，由于敌人“扫荡”频繁，所以选举在秘密状态下进行，但参选的选民一般也超过了70%，可见人民群众对民主选举的热情之高。在这场历时三个月的选举运动中，初步建立了边区、县、区三级“三三制”的抗日统一战线的民意机关和行政机关。通过选举，出现了不少的女村长、女区长，在晋察冀边区还出现了第一任女县长——唐县县长陈舜玉。

小贴士

三三制：抗日战争时期中国共产党在陕甘宁边区和各敌后抗日根据地建立抗日民族统一战线政权时采取的政策。它规定在政权机关人员配备上，共产党占三分之一，非党的左派进步分子占三分之一，不左不右的中间派占三分之一，是中国共产党抗日民族统一战线政策的具体体现。

正如聂荣臻曾指出的那样：“敌后抗日根据地的建设绝不只是抗日的问题，也不单纯是一个武装斗争的问题，它包括民主政治的建设、政权机构的改革、经济政策的规划、人民生活的改善、文化教育事业的发展等各方面的内容,它既是对一个旧社会的改造,又是对一个新社会的开创。”

据聂荣臻回忆录中记载:晋察冀抗日根据地取得的辉煌成就,吸引了大批支持中国抗战的爱国民主人士和国际友人,他们纷纷来到晋察冀边区。他们大多奇怪地问:“为什么在日军盘踞着周围的城市和铁路干线,经常调集重兵‘扫荡’,又远离后方,得不到任何物资接济的情况下,能在敌后建立起这样一个面积广阔的根据地?”聂荣臻回答说:“关键的问题是发动群众。而如何才能发动群众呢?关键又是实行人民民主和改善人民生活。减租减息就是当时实行的一项重要政策。这样就使人民群众在历史的重压下抬起头来,显示出强大的战斗力量。这就是晋察冀根据地的广大群众能够充分发动起来的根本原因。这就是问题的答案。”

“没有民众的军队准打败仗,没有民众的战场只能放弃。”当时,《大公报》随军记者张高峰在其所写的一篇战地报道《有问题的战场》中,一针见血地指出了国民党军在正面战场败退的原因。

1940 年,李公朴从大后方来到晋察冀边区,做了 6 个多月的考察，在15个县、500多个村庄进行了调查访问，他亲眼看到，这里是一个新天地。特别是根据地在实行民主政治、改善民生方面，成就突出，与国民党统治区形成鲜明对比。李公朴在《华北敌后——晋察冀》一书中写道："抗日民主之花开遍了华北！华北是我们的！中华民族是不可征服的！晋察冀是模范的抗日根据地……它的名字深深地铭刻在人们心头的深处，激荡着每一个爱国者，特别是鼓舞着年轻一代的希望和向往……晋察冀边区是新中国的雏形！"

作为第一个敌后抗日根据地，晋察冀在许多方面创造了极为丰富、宝贵的经验，被中共中央誉为"最进步的模范的抗日根据地"，是"沦陷区民众抗日斗争的导标"。晋察冀边区的经验和做法，无疑对全国各抗日根据地的建设起到了示范作用。

在河北省国家档案馆里，一本泛黄的名为《抗日模范根据地晋察冀边区》的小册子，静静地躺在展示橱窗里，吸引着众多来此参观学习的游客驻足观赏。它是1939年1月由聂荣臻撰写的一份关于晋察冀初创时期约10万字的工作报告，其中着重叙述了在晋察冀发动群众、依靠群众、开展游击战争的情况。毛泽东同志看后，决定把这个报告单独成书出版，并亲笔题写书名：《抗日模范根据地晋察冀边区》，毛泽东、朱德、王稼祥还分别为它作了序。1939年5月，该书在延安、重庆两地公开发行，成为第一部系统介绍八路军坚持敌后抗战的专著，它向全国人民乃至全世界宣告，在强大的敌人面前，中华民族反抗外来侵略的决心是不可战胜的。

鱼水情深永传承

民拥军，军爱民，在抗日战争的烽火硝烟中，阜平这方土地上演着最动人的鱼水情深。聂荣臻抗战击敌的战绩几乎尽人皆知，但是他与人民群众水乳交融的事迹却鲜为人知。

1938年春节前夕，聂荣臻率领部队由河北阜平迁驻五台金岗库村。聂荣臻动员全体机关干部、驻军官兵，积极开展爱民活动，金岗库村村容村貌焕然一新，呈现出几十年来未曾有过的欢乐祥和的节日气氛。

大山深处虽然可以躲避战乱，但生活十分艰难。聂荣臻非常关心战火中群众的生活，不知道老乡家中有没有年货过年。腊月廿八清晨，聂荣臻在村口迎面遇见了担水的老乡："杨大爷，你老起得真早哇！过年的事准备得咋样啦？能不能吃上顿饺子？"

杨大爷回答说："能，能。白面的吃不上，吃顿莜面饺子也满可以了！"杨大爷的话使聂荣臻司令员内心很是难受，战争使人民的生活太苦了，过年吃顿白面饺子都难以实现。

大年三十的下午，杨大爷正准备帮老伴包野菜莜面饺子时，只见聂荣臻的警卫员走了进来，将一大碗胡萝卜拌羊肉的饺子馅和一包3斤多的白面往炕上一放，说："大爷，这是聂司令员让我给你送来的。"

杨大爷赶忙说："这，这咋行哩！聂司令员工作那么辛苦，为军民操劳，还是留给他吃吧！"杨大爷执意不肯收，并一个劲地让警卫员把东西拿回去。

"这是聂司令员从他那一份伙食里匀出来的，你非收下不可，要不，我咋向首长交代呀？"警卫员边解释边挣脱了杨大爷的手，一溜烟跑了。望着警卫员远去的背影，杨大爷的两眼渐渐模糊了。

河北曲阳十年九旱，祖祖辈辈都盼望修一道水渠将大沙河的水引来浇地。1940年，聂荣臻率领晋察冀边区军民在日军时刻骚扰、轰炸的艰难情况下，历时6年时间开凿了一条总长35公里的渠道，沿线的7万余亩的良田得到浇灌，世世代代的一年一季、靠天吃饭，变成了一年两季、旱涝保收，粮食产量大幅提高。聂荣臻得知当地群众将水渠命名为“荣臻渠”，提议改名为“抗战渠”。而当地人民不忘支持领导修渠的边区政府和聂荣臻司令员，至今仍将水渠称为荣臻渠。

军民合作的典范荣臻渠（郑义拍摄）

更能体现晋察冀根据地军民鱼水情的还有一个“树叶训令”的故事。1942 年是抗日战争中最艰苦的时期，这一年的中国百姓可谓饱受着战争和饥饿之苦。当年，华北遭遇持续的旱灾，整个晋察冀抗日根据地赤地千里，引发了大规模的饥荒，八路军和晋察冀老百姓共同面临着生死考验。春天来了，许多村庄地头的杨树、榆树渐渐吐出了嫩芽，而树叶成为当时最主要的口粮。

对此，聂荣臻签发了一道特殊训令——命令全区所有部队，将村庄周围 15 里以内的树叶，全部让给老百姓，部队到远离村庄处采摘树叶充饥，“宁可饿着肚子，也不与民争食”。《树叶训令》以布告的形式贴到了村庄周围，老百姓深受感动，一些群众甚至找到军区和边区政府，恳请聂荣臻司令员收回训令。后来，《树叶训令》不仅没有被收回，还被传达到了晋察冀军区的其他部队贯彻落实。在困苦的环境下，晋察冀抗日根据地军民团结一致，通过大生产和节粮运动，终于渡过难关。1943 年 11 月 18 日，太原《东亚新报》刊发《冀西赤色地区调查记》记录如下文字：“飞机上俯视……当飞机飞入山岳地区时，触目所见……不论山谷或高原上，除岩石外，全耕

1940 年，北岳山区，老百姓摘树叶度春荒（沙飞拍摄）

种的井然有序。由此可见中共对增加生产的努力。”

多年后聂荣臻回忆说：“在抗日战争中，尽管我们的司令部距敌人不过几十华里，尽管有许久战火纷飞的场面，但是，我们却有一种安全感。在群众的海洋里，安全得很啊！有一段时间，军区领导机关驻在唐县和家庄，中央分局在阜平易家庄，我每次去开会的时候，只带一个警卫员，我们一人一匹马，一天就跑到了。一路上毫无危险，走到哪里，哪里的老百姓都给我们烧水、指路，照顾得十分周到。八路军英勇抗击侵略者，保护了人民，人民同样尽心尽力地保护我们。这就是经过发动群众，在军队和人民之间建立起来的鱼水关系。我们的军队是保护人民的钢铁长城，人民群众又为我们建造了一道十分安全的铜墙铁壁。”

1982年，曾在晋察冀长期生活和战斗过的老文艺工作者田华回阜平拍摄电影《柯棣华》，临走时，老乡托她给聂荣臻元帅捎去几个柳叶饼子和菜团子。83岁的聂荣臻接过菜团子，久久凝视着，许久才满含热泪地说：“阜平不富，死不瞑目。”

第四章　前进！向着胜利前进！

在民族危亡的历史关头，中国共产党以卓越的领导能力和正确的战略策略，高举抗日民族统一战线的旗帜，带领全体中国人民同仇敌忾，共赴战场。面对侵略者，中国共产党人始终勇敢地战斗在抗日战争最前线，支撑起中华民族救亡图存的希望，成为全民族抗日战争的中流砥柱！在中国共产党的领导下，八路军在华北战场取得了大龙华战役、黄土岭战斗、百团大战等一系列胜利，坚定了全国人民抗战必胜的信心。

易水之畔狼牙竞秀

河北省易县（古称易州）因易水河而得名，是联合国命名的全国首批“千年古县”之一。在易水南畔，一座锯齿型山峰直插入云霄，这座直入云端的山峰就是狼牙山，因其奇峰林立状若狼牙而得名。汉武帝时太子刘据之子为躲避“巫蛊之狱”避难于此，旧称郎山，郎与狼谐音，亦名狼山。狼牙山风景秀丽，号称有“五坨三十六峰”，成为当时燕国十景之一“狼牙竞秀”，素有“北方小黄山”的赞誉。远远望去，群峰突兀连绵，壁若刀劈斧凿。而后，狼牙山更以五勇士浴血抗击日寇舍身跳崖而闻名于世，被世人称为“英雄之山”。

棋盘坨，为狼牙山的主要山峰之一，民国《易县志稿》载：“棋盘坨在易县西南 95 里，郎山（老君堂所在的褡裢峰）之西，高数里，四周高峰，一径可入，上有石棋盘，又有三池，清泉不竭。”坨底部有西水寨，其西南侧的峨眉山、众军山，皆为古战场。在当地棋盘陀流传着一个古老的

巍巍狼牙山（狼牙山风景区提供）

传说：据说当时附近的一个樵夫曾经在陀上旁观两个仙叟下棋一局，世上已经逝去若干年月了；而留在陀上的大石棋盘和樵夫吃剩的桃核长成的古树，便成为那传说永久的见证。

据守东大门的天然屏障

卢沟桥事变后，晋察冀地区陷入一片混乱。各县的国民党政权机构完全瓦解，政府人员逃散一空；土匪遍地，兵痞流氓纷纷结伙抢劫，社会秩序极其混乱；日军的烧杀掳掠、汉奸的敲诈勒索和造谣惑众，这些都让晋察冀人民惶恐不安。

1938 年 2 月，第 1 军分区部队正式进入易县，当时第 1 军分区组建不久，日军中岛、矢中崎两联队八九百人，于 3 月末侵占了涞源城。并同时出兵易县塘湖、叶良岗一带，企图围追第 1 军分区主力。八路军遂展开收复涞源战役：一面在王安镇、二道河一带截击易县西犯之敌，切断其联络运输；一面将涞源包围。4 月 11 日，八路军发起总攻，收复涞源后，又乘胜收复易县大良岗、西峪等地。此役共歼敌 1400 多人，并缴获许多战利品。

1938 年下旬，易县西部山区北起紫荆关沿狼牙山东麓、南至管头和岭西一带已成为八路军的巩固游击区。第1军分区主力和地方武装积极开展敌后游击战，不断截击、袭扰敌寇，迫使敌人在易县等地分兵驻守。1939年1月，中共易县县委建立，在县委的领导下，党的建设日益发展，党的队伍不断壮大，农村普遍建立了党的基层组织动员全民抗战。

狼牙山十分巍峨雄壮，宛如一道耸立在太行山脉的铜墙铁壁，晋察冀抗日根据地在抗日战争时期的东线门户就是这个地区，所以它拥有十分重要的战略地位。为了打开晋察冀根据地的东大门，日军采取了严密的经济封锁及“蚕食”政策，妄图用各种办法来困死、饿死狼牙山根据地军民。

日军之所以如此仇视狼牙山，就是因为狼牙山周边地区是八路军晋察冀根据地的核心区域。狼牙山抗日军民同侵华日军进行了无数次的英勇战斗，粉碎了日本侵略者妄图摧毁晋察冀抗日根据地的企图。

狼牙山是晋察冀军区第1军分区的属地，杨成武司令员充分利用这里的地形地势，以狼牙山为中心，对莲花山、五公寨、水泉山、五回岭、白石山等战略要地依地形进行了改造和建设，将狼牙山打造成攻守兼备的阵地，使本来易守难攻的狼牙山更加险固，成为八路军重要的军事

杨成武（沙飞摄）

基地，而且是根据地的储备仓库，山上存放着许多弹药、装备和粮食。

狼牙山抗日根据地自建立之日起至抗日战争胜利结束，在晋察冀抗日根据地中一直发挥着极其重要的作用，它既是晋察冀抗日根据地的东大门，同时也是打击日寇的前哨阵地。每遇日军“扫荡”，部队、地方机关和周围的群众只要往山里一钻，便可保证安全，小股的日伪军轻易不敢踏入狼牙山。易县革命遗址遗迹众多，聂荣臻、罗元发、杨成武等老一辈无产阶级革命家，白求恩、柯棣华等共产主义战士，都曾在此战斗和生活过，杨成武司令员就在易县坚守了6年。

由山区向平原延伸

随着五台山的烽火逐渐向四周蔓延，北平和天津这样的大城市也感受到了。著名民主人士李公朴先生曾在他的著作中写道：“英勇的指挥者聂荣臻将军”签署的军区“核桃大小字的布告”，居然贴到了“恶魔和无耻的走狗所盘踞的北平城内外”，使“敌伪汉奸倒抽一口冷气”。有了巩固的晋察冀山区根据地，聂荣臻并不满足。他一直琢磨怎样尽快地向冀中和冀东平原地带扩展。

1937年10月初，东北军第53军691团团长、中共党员吕正操率部在藁城县梅花镇阻击日寇后，在河北晋县小樵镇进行改编，成立冀中人民自卫军。不久，聂荣臻派人携带密码到达冀中，与吕正操取得联系，要他们努力发动群众，积极开展抗日游击战争。聂荣臻鼓励道：“敌后游击战争，只要有人民群众支持，在平原也可以进行。你

小贴士

小樵改编：1937年9月15日，日军开始进攻永定河阵地，东北军第53军在部队南撤时，军长万福麟命令吕正操的第691团负责掩护，企图趁机借日本人之手除去这支部队。10月14日，吕正操率部在小樵镇宣布脱离国民党军队，在冀中平原树起了第一面中国共产党领导的抗日武装力量的大旗。

们的实践是有深远意义的，对于全国其他平原地区的抗战，将提供有价值的经验。”后来晋察冀军区向吕正操的部队派出不少干部，他们果然在冀中平原站住了脚，各项工作都很快开展起来。

10 月底，冀中人民自卫军与保属省委及其领导的人民武装会合，攻占了高阳县城，消灭了盘踞高阳的汉奸尹松山，迅速打开了创建冀中平原抗日根据地的新局面。同时，保属省委领导的人民武装至此统编为“河北游击军”。1938 年初，根据中共中央关于在河北平原创建抗日根据地的指示，冀中人民自卫军与河北游击军并肩战斗，马本斋率领的回民支队、张仲翰带领的河北民军……这些中国共产党领导或愿意接受共产党领导的队伍，纷纷吹响了冀中抗日的集结号。文学大家孙犁创作的《风云初记》《荷花淀》等作品，描述的就是冀中平原早期

1939 年，冀中军区司令员吕正操（沙飞拍摄）

的抗日斗争故事。

1938年4月，冀中地区相继建立了38个县抗日政权。至此，东起津浦路、西至平汉路、北起平津、南至沧(县)石(家庄)路之间的冀中根据地初步建立。按照八路军总部的指示，人民自卫军与河北游击军合编为八路军第三纵队兼冀中军区，吕正操任军区司令员兼第三纵队司令员。冀中军区成立半年时间，就同日寇作战100多次，冀中抗日根据地不断发展壮大，从最初的38个县，到44个县，后发展到51个县，近千万人口。冀中区作为晋察冀根据地的一个重要组成部分，为在平原地区开展游击战争、开辟抗日根据地做出了重要贡献，提供了宝贵经验。

战火中的晋察冀

1938年10月，日军攻占武汉，抗日战争进入相持阶段。这时，日军为确保其主要占领区华北，不仅把驻华北兵力扩充到30万人，而且从1939年初至1940年春对华北各抗日根据地发动了三期大规模“治安肃正”讨伐战，晋察冀抗日根据地是日军的主要作战方向。与此同时，国民党顽固派也开始实行消极抗战、积极反共方针，不断

小贴士

治安肃正：日本侵略者为强化战争而采取的残暴政策，其主要目标不只限于中国的抗日武装力量，对手无寸铁的一般平民百姓也大施淫威，进行惨无人道的屠杀和迫害。其战术重点是对付八路军的游击战术，实行高度分散的兵力部署，反复进行快速“扫荡”，叫嚷要使八路军得不到喘息时间和安身处所。但日军的三次“治安肃正”作战均以失败告终。

制造事端，大搞“摩擦”。

从1941年至1942年，是世界法西斯势力极为猖狂、中国敌后抗战最为困难的时期。华北日军增至32.5万余人，伪军增至10余万人，华北方面军司令官也换成了阴险毒辣的冈村宁次。他们吸取以往“肃正作战”的教训，研究了中国内战时期“剿共”的经验。日军常集中大量兵力，对一个地区进行长时间地反复辗转地、梳篦式地“扫荡”和“清剿”，并在“扫荡”中实行烧光、杀光、抢光“三光政策”。日军的“治安强化运动”和“扫荡”采用所谓“铁

经历日军劫浩后的村庄(沙飞摄)

壁合围、捕捉奇袭、纵横'扫荡'、反转电击、辗转抉剔"等空前残暴的手段,对广大华北人民欠下了一笔无法偿还的血债。

在日军反复"扫荡"及经济掠夺、封锁下,华北各抗日根据地面积显著缩减。在晋察冀边区,冀东、冀中两块平原根据地变成了游击区,北岳、平西、平北三块根据地大大缩小。"三光政策"给抗日根据地造成了惨重的损失,不仅使得根据地面积减少了三分之一,人口也锐减2500多万,兽迹践踏之处,废墟一片,横尸遍野,把美丽富饶的华北大地变成了"出门跨壕沟,抬头见岗楼,无村不戴孝,到处见狼烟"的恐怖世界。在解放军档案馆珍藏着一份1942年的报告——《五年来日寇对华北抗日根据地的扫荡及其成败》,其中详尽记录并统计了自1938年1月到1942年11月,日军在华北敌后抗日根据地内发动“扫荡”的次数、天数、规模和战果。

根据这份珍贵的历史档案，我们可以非常清楚地了解到，5 年时间晋察冀根据地共有 308 天遭受日军频繁“扫荡”，这并不等于作战的频繁程度。如果把敌人小股进犯和八路军主动出击都计算在内，华北各抗日根据地几乎每天都处于紧张的作战状态。日军对抗日根据地持续“扫荡”，企图消灭八路军、消灭抗日根据地、消灭中国军民抗日意志、变华北为“兵站基地”等。很明显，这些企图完全没有实现。敌人“扫荡”的失败，就是我们反“扫荡”的胜利。档案记载的那段艰难的岁月，之所以能在日军疯狂“扫荡”下取得胜利，得益于八路军官兵的英勇抗战和艰苦奋斗，得益于敌后抗日群众的顽强意志。

晋察冀抗日根据地敌我斗争的残酷和剧烈程度是罕见的，广大党员、干部和群众付出了巨大的牺牲。据不完全统计，边区子弟兵伤亡 11.6 万余人，干部、群众被敌杀害 70 余万人，群众被敌抓劳工 50.5 万余人。面对日军的疯狂进攻和残暴杀戮，广大军民以勇猛顽强的战斗作风、血战到底的英雄气概，同侵略者展开了殊死斗争，创造性地开展群众性游击战，取得了上下鹤山、大小龙华、雁宿崖、黄土岭、东团堡、高洪口和百团大战等一系列重大战役战斗的胜利。

至今，在晋察冀边区革命纪念馆展板上，还展示着1943年1月晋察冀边区第一届参议会召开时，聂荣臻为大会亲笔题写的一副对联：

我们屹立在五台山、太行山、恒山、燕山，旌旗指向长白山；

我们驰骋在滹沱河、永定河、潮河、滦河，凯歌高奏鸭绿江。

这副对联，清晰地勾勒出晋察冀的地理位置及其在敌后抗战中的重要意义。

大龙华歼灭战

1939年4月初，日军驻保定的第110师团，对冀南地区“扫荡”之后，按华北方面军当年的“治安肃正”计划，令驻保定的第108旅团，对易县以西的地区进行“扫荡”，意图驱逐易县至涞源公路两侧活动的八路军。4月15日，日军占领了易县城西的梁格庄村，继而西进占领了小龙华，后又于5月7日占领了大龙华，并在大龙华镇附近紧急修建了不少防御工事，镇子四周遍布壕沟、明暗碉堡、铁丝网等。

敌寇侵占大龙华，企图很明显。大龙华，位于易县中北部，是当时涞（源）、易（县）公路上的一个比较重要的小山镇。日军修建的易涞公路将如一道铁链，彻底锁死一分区南北的联系，整个一分区将被截为两段，日军甚至还可沿着这条公路进攻晋察冀军区腹地，深入北岳山区，直插军区司令部所在的阜平一带！

看来，敌人是要赖在这儿不走了，驻该地区的第1军分区杨成武司令员站在地图前缓慢踱步，他清楚地知道，大龙华这个钉子，必须拔掉！战前杨成武安排第3游击支队派出小分队先袭击敌人，以麻痹、疲劳敌人。小分队在7天的时间里昼夜不停地袭击大龙华十五六次。后几天敌人看到不过是些手拿土枪、大刀的游击队，也就不大理睬，甚至连枪也不放了，还嚣张地叫嚣："土八路，皇军是铁打铜铸的，不怕死的拿头来撞吧。"

5月19日夜，月亮刚刚从山上升起，万籁俱寂，一切战备就绪。各部队遵照命令悄然集结于各自的位置上，担任主攻的1团1营和2营7连非常熟练迅速地包围了大龙华，骄横的日军万没想到寿终正寝的时候到了。

20日凌晨1时许，第一军区分区1团由东北、西南方向先后向大龙华村发起冲锋。1营2连副连长带领一个排，乘月光隐蔽向南山敌堡接近，5 分钟冲破铁丝网，一连十几颗手榴弹在敌堡内轰响，在爆炸声中日军全部被炸死。敌遭此猝然打击，方明白是真正的八路军来了，他们拼命往外冲，八路军战士端着刺刀截堵敌寇，厮杀在一起。几个敌人被逼退到一堵坍塌的墙头下，负隅顽抗，企图等待援军。在机枪火力的掩护下，7 连的战士们发起攻击，与敌人短兵相接。马宝玉随手操起墙边的一把铁锹冲了上去，一锹将一个日本兵劈倒在地，夺下“三八大盖儿”枪与敌人拼杀，他一人就消灭了 5 个日本兵。战斗中大龙华的军民也参战了，很多男女老少群众手拿铁锹、木棍从四周摇旗呐喊，高声呼叫：“鬼子被包围了！”“鬼子跑不了啦！”“打呀！冲啊！”敌人在我军民猛烈的火力下，被打得晕头转向，死伤惨重。在第 1 军分区部队的连续攻击下，大龙华之敌全部歼灭。在大龙华、小龙华地区激战期间，日军第 140 联队，曾 3 次从梁各庄派出增援部队，均遭第 1 军分区部队的伏击，敌增援部队阵势大乱，丢下 200 多具尸体，狼狈逃回梁格庄。至此，大龙华歼灭战宣告胜利结束。

此次战斗取得了攻坚、打援的双重胜利，对进一步巩固和发展晋察冀抗日根据地起到了重要作用。值得一提的是，部队在清理大龙华敌人据点时，缴获了日军几十册机密文件，其中有日军华北方面军司令部颁发的《关于使用特种器材（毒气）之参考》，对晋察冀根据地的《1939年第1、2、3期肃正作战概要》以及日军第110师团司令部颁发的《对山区方面封锁计划》等，这些文件对于研究敌人战术、确定斗争对策具有极其重要的参考价值。正如聂荣臻收到文件后在电话中对杨成武所说的："你们缴获的这批文件，比缴获敌人几百支枪、几十门炮的胜利还大。"

黄土岭上激烈对决

黄土岭战斗是抗战时期共产党领导的武装力量取得的重要军事胜利，八路军打退了日军进攻，奠定了晋察冀地区反"扫荡"胜利的基础，也荡涤了日军侵华以来国民党军队内部的悲观失败情绪，极大地鼓舞了全国人民的抗日决心。

1939年10月后，日军对各抗日根据地的"扫荡"不断升级，同时还派出重兵侵入根据地腹地试图寻找八路军主力。日本华北方面军2万多人，在阿部规秀中将指挥下，深入晋察冀地区北岳区，企图打通涞源到易县的公路线，压缩八路军活动空间。

阿部规秀1886年出生于日本青森县，毕业于日本陆军士官学校第十九期，是当时日本国内唯一接受过德国正规山地战培训并以满分成绩毕业的军人，被日本陆军称为擅长运用“新战术”的“俊才”和“山地战”专家。临行前，阿部规秀在家信中称“打仗的时候是最悠闲而且最有趣的”，他认为中国已经逐渐衰弱下去了，再使一把劲，日本就能胜利。但他没有想到，他再也回不去了！这封自信满满的家信，竟然成了他的遗书，后来还发表在日本的《朝日新闻》上。

10月31日，时任日军混成第2旅旅长的阿部规秀刚升任中将，便急着邀功，派遣日军第1大队和伪军1000多人，向晋察冀北岳分区进犯。杨成武得知后，立刻调兵对敌人展开围剿。双方的战斗在雁宿崖打响，凌晨时分，数百名日军进入伏击圈，杨成武一声令下，手榴弹如同雨点般，纷纷向着日军的头上扔去。但不得不说，阿部规秀不愧为“名将之花”，带出来的部队战斗力惊人，一阵混乱后，立刻重整队形，对雁宿崖内的八路军展开反冲锋，双方交火持续了整整一天，最终，以敌人被全歼而告终。雁宿崖一战，八路军战果大，损失小，缴获颇丰。杨成武还凭借此战的缴获送给白求恩医生500副甲板、1000条绷带以及担架等，大大缓解了八路军医疗器材的匮乏。

当天晚上，杨成武召集部队进行总结会。开会前，一名营长拿着一件做工精致的军大衣，送到杨成武面前，说这是从一名日军军官身上找到的。击杀了日军的一个大官，杨成武马上警觉起来，以他对日军的了解，战场上战死这么一个大官，日军一定会展开疯狂的报复。

想罢，杨成武立即告诉众人："会先不开了，敌人的大部队马上攻上来了，全员做好战斗准备！"而事实也的确如此，阿部规秀在得知自己的一个大队被全歼后，暴跳如雷，立即集结混成旅的另外两个大队 2000 多人，浩浩荡荡地向着第 1 军分区杀来。

在阿部规秀到达前，杨成武已经做好了战斗部署，他决定诱敌到黄土岭，在这里对敌人展开围剿。

黄土岭位于涞源和易县交界处，是太行山北部群山中一条 5 里长的山谷，周围被高山险峰环绕，地形特殊、地势险要，是八路军隐蔽兵力伏击日军的理想战场。11 月 7 日，在杨成武设计步步引诱下，阿部规秀部队的战线被拉长，被压缩在一条长两三里、宽只有百十米的沟里，看到敌人进入伏击圈，杨成武立即命令部队开火。阿部规秀妄图凭借雄厚的兵力和优良的装备进行突围，多次反扑又都被无情的子弹打了回去。依靠地势优势，八路军成功歼灭 900 多名日军，"名将之花"阿部规秀也在这场战斗中毙命。著名作家魏巍，当时是第1军分区1团1营的教育干事，目睹了炮击敌指挥部的场面。他写道：大家正在为我们的迫击炮手叫好，看见上庄子附近的一座独立家屋走出几个人来，在那里指指画画，很像是一群指挥官的样子。一个同志说："我们的迫击炮，要是能朝那里楔它几炮才好呢！"说话之间，有几发炮弹就接二连三地在那里爆炸了。在一片慌乱中，日军拖着死尸和伤员狼狈地向山沟里逃窜。

当时，杨成武并不知道阿部规秀的阵亡。战后的一天，聂荣臻突然给杨成武打来电话："成武同志，好消息啊！延安拍来贺电，说你们打死了阿部规秀中将，我祝贺你们啊！"杨成武拍了拍随身携带的望远镜说："伙计，你立下大功了！"

11月24日，毛泽东等中央领导发贺电祝贺晋察冀军区取得这一重大战果，并指出此战再次证明八路军山地游击战的威力。

击毙日军中将指挥官，这在华北战场是第一次，在中国人民的抗战史上也是第一次。日本《朝日新闻》连续三天都以《名将之花凋谢在太行山上》为题，哀叹："中将级指挥官的阵亡，是皇军成立以来未曾有过的。"他的骨灰运回东京时，不仅所有高级将领和许多权贵都前往车站

击毙阿部规秀的迫击炮(中国人民革命军事博物馆藏)

迎接,而且东京还降半旗以示哀悼。这次胜利不但极大地震撼了侵华日军高层,同时也有力地反击了国民党顽固派散布的“共产党游而不击”的谎言,对大后方的民心士气鼓舞极大。包括李公朴先生在内的一批大后方民主人士为此亲自奔赴晋察冀根据地,要求见一见那位击毙了“名将之花”的八路军指挥员。晋察冀军区司令员聂荣臻为此特地将杨成武从一线召回。当年仅 25 岁的杨成武出现在众人面前时,虽然大家已经有心理准备,但还是被年轻的杨成武惊呆了。李公朴先生见杨成武眉清目秀,英武逼人,情不自禁地脱口而出:“好一个白袍小将!”从此这个称号就伴随着杨成武将军的一生。

抗战史上的壮举

1939年，抗日战争进入相持阶段后，日本帝国主义改变其侵华政策，对国民党政府实施政治诱降，对中国共产党领导的敌后抗日根据地推行“治安肃正”计划，推行“以铁路为柱，公路为链，碉堡为锁”的“囚笼政策”。企图把华北各抗日根据地分开来，使八路军“游”不了，“击”不成。敌人的这个战术直接威胁到了八路军的生存。

1940年4月，德国出兵占领北欧，并且摧枯拉朽地击退了英法远征军。二战的风向因为德国在欧洲各方面胜利而走向了最为黑暗的时刻。欧洲战局刺激了日本政府迅速压服中国以利下一步争夺亚洲、太平洋地区霸权的欲望。侵华日军企图利用已经占领的华北和东北地区向中国南部进军。5月10日，日本陆军省制定了《以昭和15、16年为目标的处理中国问题策略》，这样的侵华政策主要分为两部分，一部分是对八路军清剿的“囚笼政策”，另一部分则是对国民党军劝降的“囚笼计划”。希望通过以贯穿山西、河北、山东三省的正太铁路为依托，在整个铁路沿线上增设坚固要点和据点，将三省当中的几处八路军部队分割包围，最终将整个华北地区的八路军与总部隔绝起来。利用南进计划之前的时间，彻底肃清在华北的八路军和抗日根据地，并以此来要挟国民党的最高统帅蒋介石走汪精卫的投降路线。

为粉碎日军的图谋，打破其“囚笼政策”，克服国民党妥协投降的危险，彭德怀、左权、刘伯承、邓小平和到太行山八路军总部的聂荣臻讨论决定破袭正太铁路。

“那就打一个大仗，给敌人来个总破袭，打出中国人的勇气!”面对敌人的囚笼战术，彭德怀斩钉截铁地说。

于是，八路军总部决定把酝酿成熟的破袭正太路设想付诸实施，出击敌后交通线，给敌华北方面军以有力打击，粉碎日本的企图，以利全国局势好转。

1940 年 8 月 8 日，八路军总部下达《战役行动命令》：晋察冀军区以主力 10 个团破击正太铁路石家庄至阳泉(不含)段；第 129 师以主力 8 个团，附总部炮兵团 1 个营破击正太铁路阳泉（含）至榆次段；第 120 师以约 2 个团破击忻县以北的同蒲铁路和汾（阳）离（石）公路，并以重兵置于阳曲南北地区，阻击日军向正太铁路增援。要求各部在破击交通线的同时，相继收复日军占领的一些据点。命令要求：“限 8 月 20 日开始战斗。”

1940 年 8 月 20 日夜，在总长达 2800 余公里的华北主要交通线上，数十万大军同时对日寇发起攻击，正太路全线爆炸声不断，火光冲天。相继参战的部队和地方武装达到105个团20余万人，故称“百团大战”。聂荣臻元帅在回忆录中这样记述百团大战：“我清楚地记得那一时刻的情景，真是壮观得很啊！一颗颗攻击的红色信号弹腾空而起，划破了夜空，各路突击部队如同猛虎下山，扑向敌人的车站和据点，雷鸣般的爆炸声，一处接着一处，响彻正太路全线……”

第一个阶段从1940年8月20日至9月10日，为交通破袭战，主要是破坏以正太铁路为重点的日军交通线。聂荣臻指挥下的晋察冀军区的部队，以15个团的兵力，破坏阳泉以东、石家庄以西的正太铁路东段。经过三小时激战，一举攻克娘子关要隘。出娘子关往东30公里左右是河北井陉县，当时日军占领井陉后，几乎把所有精力和安保放在井陉煤矿上，日产6000吨粘结煤的井陉煤矿是日军炼铁的主要资源，当时的井陉矿是中国三大煤矿之一。“其供应量之增减对我国重工业有致命的重要性。”日本当局这样评价井陉煤矿。

聂荣臻把破袭井陉煤矿的主攻任务交给了第1军分区，杨成武带着原红军“红一团”班底，经过5个日夜的大破袭，解救下3000多名矿工，并将井陉煤矿完全毁灭，这对物质本已十分紧张的日军是个极大打击。八路军把这一战役列入“第一要报”。日本华北方面军在1941年3月的一次会议上承认：“井陉煤矿事故，给我当局以巨大冲击。”被华北日军形容为“挖心之战”。

第1军分区部队向井陉矿区日军发起攻击(沙飞拍摄)

刘伯承、邓小平指挥下的第129师及晋东南新军等部队，以主力15个团进攻正太铁路西段。在阳泉西南控制正太铁路咽喉的狮垴山，与日军展开激战。

贺龙、关向应指挥下的第120师，破击大同到阳曲的同蒲铁路一线，以及汾离公路全线，以阻止敌人向正太路支援，8 月 21 日攻占由静乐到忻县公路上的重要据点康家会。

在第一阶段 20 天的交通总破袭战斗中，正太铁路沿线的路轨、桥梁、隧道、水塔、车站建筑等破坏无余。与此同时，平汉路、同蒲路北段，以及德石路、北宁路和其他主要公路均被切断，华北各交通线陷于瘫痪。

百团大战的第一阶段期间，第 1 军分区在进攻日军控制的井陉煤矿时，3 团 1 营的战士在战火中救出了两个日本小姑娘，一个五六岁，一个尚在襁褓中。由于战事紧张，部队随时有可能转移，带着孩子既不安全，也不方便，聂荣臻考虑再三，决定把孩子送到石家庄交给日方。他让人找来了扁担、柳筐和一个健壮的挑夫，并亲自给日本官兵写了一封信。临走时，聂荣臻和小姑娘合影留念，并在筐里放了许多梨让孩子路上吃。后来，襁褓中的孩子在石家庄的医院病逝，大点的小姑娘被送回到日本。

20 世纪 80 年代，日本一个叫美穗子的女士找到了聂荣臻，表达对他、对中国人民的感谢之情。她就是当年被八路军救下的那个小姑娘。之后，美穗子一直从事中日友好工作。这个百团大战中的小插曲彰显了残酷战争之中的人道主义光辉，表现了中国人民热爱和平的愿望，也成就了一段中日人民友好的佳话。

1940 年 8 月，聂荣臻与日本小姑娘美穗子（沙飞拍摄）

第二个阶段从 1940 年 9 月 22 日至 10 月上旬，主要任务是攻坚作战，对日军盘踞的一些据点进行攻击。其主要战斗有太行地区的榆社、辽县之役，晋察冀地区的涞源、灵丘之役，冀中的任丘之役，晋西北地区朔县到原平间的同蒲路的破击战等。

第三个阶段从 1940 年 10 月上旬至 1941 年 1 月 24 日，主要是反击日、伪军的报复“扫荡”。日本军队在“扫荡”过程中非常残忍，如在“扫荡”忻县的时候，活活残害了 2000 多名中国居民；在晋西北，先后杀害了群众 5000 多人，烧毁了 109 万间房屋。日本军队的“扫荡”，激起了敌后根据地军民的强烈愤慨，八路军的主力一直在寻找战机，在运动中歼灭敌人。他们采取隐蔽作战、游击战和伏击战种种战术，来打败日本军队的“扫荡”。

百团大战是抗日战争中八路军参加兵力最多、规模

1940 年,边区百姓欢迎百团大战凯旋的八路军(沙飞摄)

最大、时间最长、战果最丰富的一次带战略性进攻的战役。在三个半月中敌后军民共作战 1800 多次,拔除敌人据点约 3000 个,击毙击伤日伪军 2.58 万人,俘虏敌人 1.8 万多人,破坏铁路 470 余公里、公路 1500 余公里,摧毁大量敌碉堡和据点,并且缴获了大量军用物资。

百团大战对日军的打击是非常沉重的,就连日军方面也不得不承认,百团大战"取得了奇袭的成功","给了华北方面军以极大打击"。日军惊呼:"对华北应有再认识！”

百团大战的胜利，沉重打击了日寇的嚣张气焰，遏制了妥协投降的逆流，极大地振奋了全国军民的抗战斗志。百团大战的胜利，用事实证明，共产党及其领导的人民军队是抵抗日寇的中流砥柱，是争取抗战胜利的希望所在。

第五章　惊心动魄反“扫荡”

1941 年 6 月，苏德战争爆发，日本认为这是进攻苏联的最佳时机，然而中国军民的英勇抵抗，再次束缚住了侵华日军的手脚，使这一进攻苏联、配合德国西线进攻的计划被迫搁置。日本帝国主义为将华北地区变为“兵站基地”，指示华北方面军彻底摧毁日占区心脏地带的敌后抗日根据地（主要是晋察冀根据地）。时任日军华北方面军司令的冈村宁次在日记里写道：“我们以 65％以上的兵力对付共产党，以 35％的兵力对付国民党……。”

手段毒辣的“治安强化运动”

从 1941 年 1 月至 1942 年 12 月，日本军方高层调整策略，制定《大东亚长期战争指导纲要》和《对华长期作战指导计划》，把过去的“治安肃正”演进为“治安强化运动”。在“治安强化运动”之下，日军将华北划分为“治安区”(即沦陷区)、“准治安区”(即游击区)和“未治安区”(即抗日根据地),对三种地区分别采取不同侵略手段,并计划3年内把“治安区”从1成增至7成。为此,日军对华北连续进行了5次大规模的综合型扫荡,即5次“治安强化运动”。

1941年3月30日,在日军操纵下,伪华北政务委员会开始推行第一次“治安强化运动”。日军在沦陷区普遍建立汉奸伪组织,强化保甲制度,清查户口,实行连坐法,扩大“自卫团”“治安军”,镇压一切抗日活动;大肆掠夺、控制和禁运经济物资,推行口粮配给制,大肆压榨劳工;推行奴化教育和政治欺骗;等等。对游击区以“蚕食”为主,恐怖政策与怀柔政策兼施,制造无人区,通过大量修筑公路网、碉堡群、封锁沟墙,隔断游击区与根据地的联系,使其逐步变成治安区。对抗日根据地,则以军事“扫荡”为主,实行空前残酷的毁灭性打击政策。

可见,相持阶段到来后,日军对华北的侵略方式出现了变化:“治安强化运动”实系“治安肃正”之演进,是集军事、政治、经济、文化、交通、特务为一体的“总力战”。这期间,日军首先要解除后顾之忧,使华北成为日军的“兵站基地”,掠夺当地的人力物力资源,为其北上侵略苏联或南下发动太平洋战争服务。于是,对华北进一步发动多种形式的进攻，与此同时还进一步推行“囚笼政策”，日军大量建立据点，修筑碉堡、封锁沟、封锁墙，并且野蛮地毁村灭屯，制造“无人村”“无人区”“人圈”。到 1942 年止，仅冀中一地，6 万多平方公里的土地上，日军就建立了 1700 多个据点和碉堡，修筑了 7500 多公里的公路，挖了 4000 多公里的封锁沟，使据点、碉堡、公路、铁路和封锁沟相互连接，密如蛛网。日军妄图凭借密如蛛网的点碉、公路、封锁沟墙和千里“无人区”，割断山地与平原、根据地与游击区、八路军与人民群众的联系。

小贴士

“无人区”：最初是用来定义一个长期空置的土地或不适合人类居住的地区。在抗日战争时期，侵华日军为了封锁、隔离、扼杀敌后抗日根据地，在长城沿线建立起集中营式的“集团部落”（群众称之为“人圈”）。日本侵略者为扑灭中国人民的抗日烈火，在所谓“西南国境线”推行最残酷、最野蛮、最毒辣的“无人区化”，并施以灭绝人性的“三光”政策。

一声令下反“扫荡”

中国几千年的历史长河中，涌现出众多的军事奇才，他们用兵如神，行兵如鬼，还留下了许多经典的兵法著作，譬如《孙子兵法》《孙膑兵法》等。抗日战争中，八路军对于日军处于绝对的劣势，为了战胜武装到牙齿的日军，八路军就充分地运用了各种战术战法对付日军。不但粉碎了日军企图消灭八路军根据地的计划，而且在战斗的过程中，八路军整体战斗实力得到提升。

1941 年 7 月 22 日，当日军调集各方兵力为秋季大“扫荡”做准备时，聂荣臻司令员就判明了日军的企图，并发布了准备反“扫荡”作战训令。训令指出：这次敌人“扫荡”，兵力必大，时间必长，可能用“步步推进，分区清剿”的办法，斗争将特别残酷。接着又接连下发了反“扫荡”政治工作指示，侦察、通信、供给、坚壁清野等具体指示，命冀中加强“青纱帐”攻势，以分散敌兵力。各分区组织武装宣传队，加强反“扫荡”宣传，严格盘查可疑分子，打击敌特活动。聂荣臻为这次反“扫荡”制定的作战方针是：“积蓄基干兵团，扩大游击活动，相机拔除敌深入我内线之据点，彻底破坏其公路，平毁其封锁沟，增加敌‘扫荡’的困难，奠定我反‘扫荡’的胜利基础。”

1941 年，老百姓把自家藏的枪支送给八路军(雷烨拍摄)

晋察冀的部队深入敌后之敌后，实行“敌进我退，敌退我追、敌住我扰、敌疲我打”的战术，充分发动群众，积极巧妙地打击敌人，有效地进行了反“扫荡”、反“蚕食”、反“清剿”斗争。在严酷的斗争面前，各分区军民遵照党中央和晋察冀军区的指示，以分散的、各种形式的游击战争为主，武工队和游击队运用地雷战、地道战、破袭战、麻雀战相机歼敌，并广泛开展不怕疲劳不间断的交通战争，使日军首尾难顾、疲于奔命。同时，粉碎了敌人企图消灭

1941 年平山抗战壁画揭露日军的残暴(沙飞摄)

我军主力部队的阴谋。

据相关史料记载,从 1941 年至 1942 年,日军对华北抗日根据地的“扫荡”一次使用兵力在千人以上至万人以下的,达 132 次之多;万人以上至 7 万人的达 27 次,有时在同一地区反复“扫荡”3 至 4 个月。其中就包括 1941 年对晋察冀边区进行的秋季“铁壁合围大扫荡”。

跳出“囚笼”去战斗

1941 年初,被彭德怀称为“最难对付的敌人冈村宁次”，接替了屡遭败绩的多田骏，成为日军华北方面军新的司令官。冈村上任伊始，就组织5个师团、4个独立旅团共8万余人，由东、西、北三面“以钳形并配以中央突破之方式”进犯中条山地区，当时国民党军队共11个军25万人，3倍于日军。这是抗日战争进入相持阶段后，正面战场国民党军队在山西范围内的唯一一场大规模对日作战。结果以中国军队的全面败溃而告终，国民政府丢失了自己在华北地区的最后一处前凸战场，此役给积极“剿共”的国民政府沉重打击，蒋介石甚至称之为“抗战史上最大之耻辱”。冈村宁次的下一个目标，便是晋察冀根据地的北岳区。

小贴士

中条山战役：日方称之为“中原会战”。1941年5月7日，前后历时一个多月，国民党军队将士阵亡4.2万人，被俘3.5万人；而日军仅伤亡几千人。此役最直接的后果是，中条山的国民党军队全部撤出后，原来包围在这里的日军3个师团全部被转用来进攻华北敌后根据地，根据地最困苦的时期就这样到来了。

同年7月，冈村宁次扬言要在4个月彻底消灭华北的共产党和八路军，为此，他纠集日军5个师团、6个混成旅团的大部和伪军共7万余人，并制定了比中条山战役更为严密的以“铁壁合围”为核心，实行“三光”政策，对晋察冀抗日根据地进行毁灭性的大“扫荡”，其规模之大、频率之高、手段之狠毒，都是空前绝后的。

1941年8月12日，日军第26、41师团和独立混成第3、9、4旅团各一部共2万余人，分别从灵丘、五台、盂县出动，进占晋冀两省边界的上寨、高洪口、上社、娘子关等要点，纵向割裂北岳区。同时，日军第21、33、110师团各一部，分别向平北军分区和冀中军区第7军分区佯动，企图切断晋察冀抗日根据地与晋冀鲁豫的联系。为达到此目的，敌人反复合击第2军分区的3个主力团，聂荣臻及时发出命令，让3个主力团跳出合围圈，以小部队和游击队与敌周旋。各部队接到命令，立即分散活动，利用有利地形穿插骚扰。日军在崇山峻岭中爬来爬去，寻找八路军主力决战，但始终找不到，累得疲惫不堪，一个个气喘吁吁、横七竖八地躺在古长城脚下的坡地上。在易县、石家庄、五台等地区，八路军广泛开展游击战争，灵活机动地打击敌人，使敌人的第一次“合围扫荡”失败。

8月23日，日军开始第二步计划，7万多兵力全部出动，从四面八方向北岳区和平西区大举进攻。佯动的日军，突然掉转进攻方向，在独立混成第15、8、2旅团各一部的配合下，分别从房山、保定、石家庄、井陉等地出动，合击位于北岳区的第1、第2、第4军分区的部队和平西区的冀热察挺进军。为避开日军精锐的锋芒，军区以一部分兵力，以营、连为单位与民兵结合，在内线展开地雷战、麻雀战，迟滞、消耗日伪军；各军分区机关和主力部队相继跳出合围圈，转移到外线作战，破坏日伪军交通运输，袭击日伪军守备薄弱的据点。敌人第二次“扫荡”也以失败告终。

陷入重围的“聂总部”

在晋察冀军区的战史中记载，1941年大“扫荡”是从8月13日开始。日军从8月初就开始集结行动，8月10日合围圈逐步形成，8月13日是日军进入晋察冀领导机关所在的阜平县，晋察冀各领导机关开始转移和隐蔽的日子。

敌人的“扫荡”是有重点的，重点就是寻找晋察冀党政军首脑机关和主力部队，特别是军区司令部指挥机关。既然敌人有“扫荡”的重点，八路军的反“扫荡”也有防御的重点,“走”就是防御。在敌人的重重包围中,要能安全地走出去,并不是容易的事。要寻找敌人的空隙,要善于在敌人的包围圈里穿来穿去,要看准了再走。

反“扫荡”开始时,聂荣臻命令军区领导机关依然驻扎在中心区阜平一带,只调来第 1 军分区 1 团做掩护工作,这是指挥全局的需要,主要是为了吸引日军指挥官的注意,好让部队跳到外线去自由打击敌人,待敌人“铁壁合围”的队伍到达一定距离,再寻找缺口突围。

小贴士

铁壁合围:这是日军侵华期间使用的一种大部队严密交互包围的战法。先对袭击目标进行第一次包围,如果发现目标有突围的情况,紧接着实施第二次包围,逐次推进,企图把八路军包围缩小在狭小地区而消灭之。在《刘伯承军事文选·反对敌人大“扫荡”的战术指示》中有详细的记载。

老奸巨猾的冈村宁次孤注一掷,使出了杀手锏:以重兵将晋察冀抗日根据地的核心区域以阜平为中心,从四面八方铁桶般团团围住，利用伪军、汉奸和密探将“聂总部”可能突围的每一条大道和小路都查明、堵死，然后步步为营，分进合击，在每一条山沟里采取纵队行进，纵队下又分横队行进的办法，逐渐缩小包围圈。日军的目的是对晋察冀党政军领导机关聚集的阜平县造成很大的压力，然后吸引各军分区八路军主力部队前去救援，以便在阜平县沙河一带与武器装备简陋的八路军进行决战。日军第 110 师团利用平汉线铁路调兵的便利条件，从定州经唐县向阜平县包抄，最后对晋察冀八路军主力“聚而歼之”。

聂荣臻司令员指挥晋察冀首脑机关和各部队灵活转移、巧妙周旋，但事态的发展比最初预计得还要严重。在这样的严峻形势下，晋察冀军区进入八路军历史上“最危险也最紧张的一次反‘扫荡’”(聂荣臻语)。

9 月 1 日，当聂荣臻带领军区机关转移到沙河北面的雷堡一带时，又碰上转移到这里的边区政府机关。这些单位的人员加起来共有近万人，而且大都是非战斗人员，还带着很多马匹、辎重、文件，根本不利于迅速转移。

运筹帷幄巧周旋

日军的第一步计划成功了，聂荣臻和晋察冀党政军首脑机关全部陷入了重围。当时面临的最大问题是如何应对日军的空中袭击，因为敌人凭借空中优势，频繁出动飞机进行侦察和轰炸，不少干部战士被炸死炸伤。当时大家都觉得很奇怪，不明白日军的飞机为何嗅觉如此灵敏，好像能嗅到八路军移动的路线，总是阴魂不散。

当聂荣臻在临时指挥所研究对付敌人的策略时，不经意间听到隔壁房间传来的“嘀嘀嗒嗒”的声音，不禁猛然醒悟过来：司令部有好几部电台，很有可能是电台被日军测定了方位，暴露了八路军行踪！

他当即命令各电台马上停止一切对外联络，并决定将计就计，派出一支奇兵，用电台来迷惑、牵制住日军，从而让大部队顺利突出重围。具体怎么实施呢？他让侦察科长罗文坊（1955 年授少将军衔）带一个侦察排，携一部电台故意暴露目标，拖住敌人，掩护机关转移。

罗文坊清楚这个任务非常艰巨，责任重大。他迅速组织起了一支包括机要、侦察、通信人员在内的 50 人诱敌小分队。临行前，聂荣臻司令员特意叮嘱罗文坊：“你们是一支肩负重大使命的奇兵，一定要做到既让敌人向你们合击，又要叫他们合击扑空；既要让敌人跟着你们走，又要叫他们追不上。”

“明白！”罗文坊充满信心地说。“你们的任务极为艰巨，处境也会非常危险，必须时时处处小心谨慎，不要吃了敌人的亏。”“请首长放心，我们一定圆满完成任务，保证不会吃亏。”罗文坊率领诱敌小分队留在雷堡东边不远的台峪，把电台架起来，仍然使用军区的呼号，不断与各方面联系。

罗文坊深知，诱敌小分队既给敌人留下“空中目标”，又要让他们嗅到“地面目标”，一定要把他们死死地拖住。当日军出动步兵前来追击时，罗文坊命令侦察排先是佯打一阵，随后又装成突围不成的样子，迅速撤了回来。这一下，日军把小分队的“地面目标”和“空中目标”都捕捉到了，他们认定这就是八路军的首脑机关，从此死盯着不放。为了达到进一步调动敌人的目的，罗文坊当机立断，让侦察排给敌人一个突然打击之后，又带领小分队迅速离开台峪，继续东进诱敌。他们向东走，日军主力果然也跟了上来。为了继续迷惑敌人，这支奇兵除了不断架起电台向各方“联系”以外，还在沿途故意用许多不同的番号贴路标、房子，有时还丢下几张无关紧要的字纸。侦察排长刘大明打趣道：“司令员这一招真妙，用我们的电台指挥起敌人来了。”罗文坊不仅带领小分队用电台成功迷惑、牵制住了敌人的数万人马，而且并未落入敌人之手，最终安然脱险。

三进三出常家渠

当天黄昏，聂荣臻带领大部队开始转移。他们在一夜之间穿插了七八十里，顺利到达阜平县砂窝镇常家渠一带隐蔽下来。常家渠是一个只有几十户人家、人口不足百人的小村庄。这里虽然紧靠阜平县到五台县的大道，但是村庄深深地隐蔽在一条大山沟里，沟深林密，山山相连，敌人不易发现。日军搜索部队有时与八路军的哨兵只隔一个山头，一个山上，一个山下，真是有惊无险。

聂荣臻下达命令：虽然在台峪给敌人造成错觉，罗文坊小分队也成功地引开了敌人，但情况仍然是很严重的。被围困人员依然没有跳出日军的合击包围圈，外面公路上的敌人离常家渠仅 10 里路。再说，这万把人在山沟沟里的吃饭也是个大问题。八路军不能久拖不动，还是得想尽办法突围。眼下为了不再暴露目标，聂荣臻命令各单位都注意隐蔽，一律不准烧火做饭，所有的电台继续停止对外联系。

反“扫荡”中村民在山野生活(沙飞摄)

常家渠虽然偏僻,几乎与世隔绝,但是抗日政府的工作做得扎实,在这里打下了很好的群众基础。近万人的部队都隐藏在山沟里,不能暴露目标,不能生火做饭,吃饭遇到难题,热情的老乡们把凡是能吃的东西都拿了出来慰劳子弟兵。人多,干粮根本不够,乡亲们就把地里正在生长的玉米棒子都掰了下来,山上的果子及地里的南瓜、西红柿等也都送给队伍。

常家渠,这个小小的地名,从此深深刻进聂荣臻的心里,也成为军民鱼水情深的代名词。若干年后,他专门嘱咐聂荣臻传记撰写组魏巍一行:“去阜平哪里都可以不去,但常家渠,一定要去!那里的百姓用自己的口粮,养活了7000人的队伍!”

日军合击台峪扑空后,把主力2万多人分成3个集团,同时不断派出小分队,在各集团之间穿梭。日军多次派飞机在常家渠低空侦察,但一无所获。罗文坊的电台截获了敌人发出的电报,日军说:“八路军总部电台已被炸毁了,已经有3天没有侦察到八路军总部电台的声音了。”得知消息,大家欣喜不已,看来日军已经被迷惑了。

日军虽然被诱敌小分队迷惑,但情况仍然不容乐观。日军主力距离被困人员的前沿仅五六公里,且有小股搜查部队不停地进行搜索,东躲西藏并不是长久之计。聂荣臻率队两次突围都没有成功。9月7日聂荣臻派出几批侦察员,再次寻找敌人破绽,发现通往龙泉关方向有个小小的缺口,日军白天来设置封锁线,晚上就撤退。聂荣臻抓住时机,利用夜幕的掩护,带领晋察冀各领导机关和部队被困人员,顺利地跳出了日军在阜平至五台一线设下的包围圈,由龙泉关南下到达漫山。

虽然跳出了敌人的包围圈,但聂荣臻和军区机关并没有完全脱离危险,在第2军分区那儿还有日军最后一道封锁线。当他们走到漫山一带时,奉命接应的第4军分区5团3营在李家庄与日军发生激战，以重大伤亡的代价堵住了敌人前行。在四面皆敌的情况下，虽然电台停止发报，但是聂荣臻得益于平时架设的电话“飞线”，很快与第2军分区司令员郭天民取得联系。郭天民及时赶来，建议聂荣臻走一条平时只有胆大的侦察员才敢走的羊肠小道。2分区的部队做好了掩护的部署，让军区机关再次跳出敌人的包围圈。那天晚上对聂荣臻来说，也是一次难忘的历险：山路极为崎岖，能见度不好，五六匹驮着弹药物资的牲口相继跌下山沟摔死。每个人都走得战战兢兢，随时都有掉入崖底粉身碎骨的可能。聂荣臻和大家一样，摸黑爬山，历尽艰险，7公里多的山路，整整走了一宿。直到天大亮，队伍才下了山。

成功突围后，八路军指战员纷纷称赞聂司令员派出奇兵带电台成功诱敌、让大部队顺利突出重围之计谋，司令部侦察参谋廖明证打了一个非常形象的比方：“司令员派出一支奇兵，相当于从空中投下一条无形的绞索，用电波牢牢套住了敌人的脖子。”此后，各大机关和主力部队先后安全转移到了外线，深入到敌后，寻机打击敌人。至此，日军动用7万多兵力的三步“铁壁合围”，被晋察冀边区军民彻底突破。

“依靠人民，比山靠得住”

在此期间，日军设在北平的新闻电台大肆吹嘘，说“聂总部”的电台已被他们的飞机炸毁了，连续好几天听不到“聂总部”的电台发报。在与延安、总部以及各分区电台恢复联系后，聂荣臻这才知道，在那些非常的日子里，因为延安电台呼叫不到他，加之敌台造谣他已阵亡，所以中央领导很焦急，总部也很着急。延安派了一个电台主任带着密码，前来晋察冀寻找军区电台。与此同时，八路军总部发出命令，晋冀鲁豫军区刘伯承率领的第 129 师、贺龙率领的晋绥军区第 120 师和吕正操率领的冀中军区部队开始反击，对日伪军主动出击，先后攻占沙河、南和等 5 座县城和宁武、忻口

1939 年，第 120 师贺龙师长与聂荣臻司令员在晋察冀阜平城合影(沙飞拍摄)

的车站，日军铁路交通线路受到严重毁坏，不得不调动兵力回援。9 月 26 日，日伪军开始全线撤退，军区部队乘胜追击。至 10 月 16 日，反“扫荡”作战结束。

10 月 20 日，冈村宁次在北平会见记者时，不得不承认：“华北治安的恢复困难，要想很快消灭共匪是不容易的。”并以“狮子捕鼠，效果不大”来自我解嘲。

在反“扫荡”总结大会上，聂荣臻对部队说得最多的一句话就是：边区的巩固和发展靠的是人民群众，人民群众比大山靠得住。在持续两个多月的大规模的“扫荡”和反“扫荡”作战中，晋察冀军民共作战 800 多次，消灭日伪军 5500 多人。当然，在这次空前规模的大“扫荡”中，边区军民也付出了重大牺牲，军区部队伤亡 5000 多人，被害群众 4500 余人，1.7 万余人被抓去东北做苦工，粮食被抢去 5800 万斤，牲畜被抢去 1 万余头，根据地面积缩小了 4000 多平方公里，华北抗日根据地进入了最困难的阶段。但反“扫荡”作战也打击了侵略者的嚣张气焰，打破了日军围歼军区部队主力和摧毁晋察冀抗日民主根据地的企图。

汉奸走狗赵玉昆

在中国数千年的历史中，中华民族经历了多次的民族危机，每次危机之时，中国都会涌现出一大批英雄人物为了民族的未来而抗争，这些英雄值得世人铭记和歌颂。当然除了英雄，历史上也出现过很多卖国求荣的汉奸。在长达 14 年的抗日战争期间，日寇在中国先后扶持了多个傀儡政权，国内有少数意志薄弱、苟且偷生的汉奸叛徒，为了个人荣华富贵，认贼作父，犯下了无法饶恕的罪行。抗日影视剧中，汉奸的形象十分鲜明，这也让人们一提起汉奸，头脑中便会浮现出歪戴着帽子，斜挎着盒子炮，嘴上叼着洋烟，对着那些日本“太君”们嬉笑谄媚、马首是瞻的小人模样。在这里不得不提到汉奸赵玉昆。

1941 年 8 月，日军华北方面军，对晋察冀抗日根据地进行大规模“扫荡”。汉奸赵玉昆却心情大好，他是河北易县东部村人，抗日战争爆发后拉起 1000 多人马，自封华北抗日第 7 路军司令，曾接受中国共产党领导的抗日武装收编，后投日叛变。赵玉昆觉得这是自己为日军效力的大好机会，靠着自己对狼牙山地区的了解，他不断为日军出谋划策，破坏边区军民的突围行动。9 月 24 日，赵玉昆带领日伪军 3500 多人兵分多路，从四面八方一起涌向狼牙山……狼牙山五壮士的悲壮，少不了赵玉昆助纣为虐的恶行。人们对狼牙山五壮士有多么爱戴，对汉奸赵玉昆就有多么痛恨。抗战胜利后赵玉昆自知罪孽深重，隐姓埋名躲藏在北京。

但“天网恢恢，疏而不漏”，正义也许会迟到，但永远不会缺席。1950年，已经改头换面的药材商赵玉昆，即便他用滚油炸过的黄豆搞得自己一脸麻子，仍然被群众发现，后举报给了政府，最终被押往易县处决。当时杨成武正在北京任职，得知赵玉昆被捕的消息后十分激动，还表示：我找了他整整十年！

第六章　五壮士血战狼牙山

1941 年 8 月，侵华日军华北方面军调集 7 万余人的兵力，对晋察冀边区所属的北岳、平西根据地进行毁灭性"铁壁合围大扫荡"。在著名的狼牙山阻击战中，八路军晋察冀军区第 1 军分区 5 名战士，为掩护根据地党政机关、群众和主力部队转移，一路将敌人引上狼牙山棋盘坨主峰，在弹尽粮绝后，毅然跳下万丈悬崖。他们就是后来为世人所熟知、歌颂的狼牙山五壮士。

"军中赵子龙"杨成武

1937 年 11 月，聂荣臻率领近 3000 名八路军将士来到了山西省五台山。随即，他以这支部队为基础，组建了著名的八路军晋察冀军区。据统计，这支部队最初共有 4 个军分区，每个军分区辖 1 个支队，每个支队的规模大约为 3 个团。当时几个军分区司令员分别为：杨成武、赵尔陆、陈漫远、周建屏。随着敌后抗日的深入，晋察冀军区配合正面部队的作战，发动了对平汉、同蒲、正太、平津等铁路的多次破袭作战，有效地牵制了侵华日军的大量兵力。在这里要重点介绍其中的第1军分区，还有这支部队的灵魂人物——司令员杨成武。

杨成武，1914年10月27日生于福建长汀县，从一名普通农家少年成长为智勇双全、能征善战的“百战将星”，被毛泽东称为敢打头阵、勇当先锋的“军中赵子龙”。1937年9月，平型关战役后，杨成武率独立团进入恒山一带，在那里进行了冯家沟伏击战，接连从日军手里收复了涞源、广灵、易县等7座县城，在当地名噪一时，百姓得知后纷纷赶来从军。两个月内，独立团就从最初的1700人猛增到了7000人，这样的号召力实在惊人。

彭德怀副总司令得知此事后说：“哪里有7000人的独立团呀？名不副实，改叫八路军独立第1师吧！”

就这样，杨成武就成了三大主力师之外的独立师师长，也是八路军中第一个从团长直升师长的干部。

当时杨成武独立团对于国民党来说本就是编制外，独立第1师自然更是编制外。八路军总部曾建议后面再继续组建独立第2、3师等等，但是却遭到国民党的抗议，后面就不再称独立师，改为支队，支队下辖大队，每大队3

个营，每营 4 个连。事实上大队就是团级，支队就是旅级。再后来，支队又改称晋察冀军区第 1 军分区。

到 1938 年底，晋察冀军区的部队由 1.5 万人扩编到 3 万多人，而杨成武的第 1 军分区拥有 1 团、3 团、6 团、20 团、25 团、34 团将近 2 万人，成为晋察冀军区初创时期一支实力最强的主力部队。

独立第 1 师存在的时间很短，不到一个月。直到 1940 年汉奸赵玉昆叛变投敌，日军才搞明白他们作战地图上标注的八路军独立第 1 师，就是让他们闻风丧胆的晋察冀第 1 军分区。

能打硬仗的“红一团”

由于整个晋察冀初创时期的主力部队唯一的一个独立团集中在第 1 军分区，所以抗战期间晋察冀形成一个共识：每逢军区和上级领导机关遇险，去“救援”的都会是第 1 军分区，特别是有“红一团”之称的第 1 军分区 1 团。因为其前身是中央红军第 1 军团 1 师 1 团，红一团不仅是第 1 军分区头号主力团，也是整个晋察冀军区的三大主力团之一，更是八路军著名的精锐团。狼牙山五壮士就是第 1 军分区 1 团的战士。

小贴士

红一团：1927 年，中国工农革命军第 1 军第 1 师第 1 团在江西修水组建并举行秋收起义，该团经“三湾改编”后，跟随毛泽东创建井冈山革命根据地，是中国人民解放军历史最悠久的部队之一，史称“红一团”。

1941 年 8 月 19 日，晋察冀军区收到了反“扫荡”作战方针和战术指示，开始进行残酷的反“扫荡”作战。一时间，晋察冀边区风声鹤唳，四面狼烟，部队、老乡和根据地都遭受了严重损失。8 月 23 日，聂荣臻发布命令：要求各分区主力按地区适当分散（基本上以营为单位），适时转移和隐蔽，极力避免与敌决战，以保存有生力量。另以主力一部配合地方武装开展广泛的游击战，在敌人周围，积极组织阻击、伏击，随时随地一有机会就袭扰敌人。破击敌人的交通供应线，打击其运输供应部队，迟滞消耗敌人，掩护机关和部队转移。除了给各军分区的命令，聂荣臻专门给杨成武一道命令，调第 1 军分区 1 团，来阜平县掩护晋察冀军区指挥机关。杨成武收到命令后，尽管当时大敌当前，自己的安危系于1团，但仍坚决执行命令，分分钟都没有耽搁，1团随即出发，直奔阜平。当时第1军分区主力团的编制是3个营，每个营4个连。1团共12个战斗连，团部另设侦察连(此时不在团里，分区另组织临时侦察营，在姚村铁路线一带活动)和特务连。其中，1团的3连留在了1分区司令部，随杨司令一起行动；7连留在狼牙山上，跟生病的1团团长邱蔚在一起。剩下的11个连从易县出发后，经过苦苦寻找终于在阜平县西北的丁家庄与晋察冀党政军机关会合。

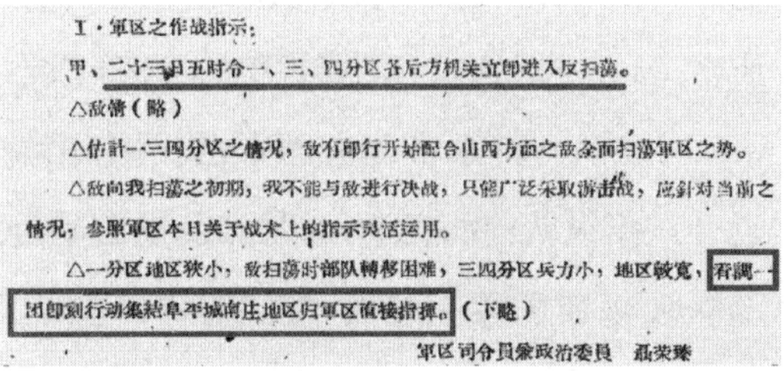
I·军区之作战指示：

甲、二十三日五时令一、三、四分区各后方机关立即进入反扫荡。

△敌情(略)

△估計一·三四分区之情况，敌有即行开始配合山西方面之敌全面扫荡軍区之势。

△敌向我扫荡之初期，我不能与敌进行决战，只能广泛采取游击战，应針对当前之情况，参照軍区本日关于战术上的指示灵活运用。

△一分区地区狭小，敌扫荡时部队轉移困难，三四分区兵力小，地区較寛，特調一团即刻行动集結阜平城南庄地区归軍区直接指揮。(下略)

軍区司令員兼政治委員　聶荣臻

这道命令在晋察冀历史档案中都有记载

日寇“围剿”狼牙山

“扫荡”的日军经晋察冀边区军民内线、外线的打击，损失惨重。从9月4日起，日军将总兵力的三分之二，

4万多人陆续撤到各战略要点和交通干线上，实施分割、封锁、“蚕食”。另外2.7万多人实行“奔袭”“清剿”，光是在第1军分区活动的敌人就有近万人。9月20日，日伪军3000多人兵分几路包抄狼牙山区。

狡猾的日军玩了个“拉网赶鱼”，有点像日本战国时代武田信玄的“啄木鸟战法”。他们先在四面乡村烧杀抢掠，驱赶附近的抗日军民向狼牙山区避难。等把人赶到一堆了，再忽然四面合围，企图把抗日军民一举围歼在狼牙山顶。不得不说，冈村宁次真是奸猾。不仅如此，冈村宁次亲自到保定督战，还乘坐飞机到晋察冀第1军分区驻地的上空进行侦察，扬言要把杨成武的指挥机关彻底打掉。

9月23日拂晓，日军华北方面军乙兵团，由定兴、方顺桥附近分三路纵队向西挺进，对易县北娄山附近的第1军分区部队大规模围攻。然而，就在日军蜂拥而至的时候，杨成武立即命令主力部队分散行动，适时地跳出日军的合围。随后，杨成武亲自率领30多人的精干机关和3连，凭借连绵逶迤的狼牙山地势，与日军斗智斗勇。对于当时的情形，《杨成武回忆录》一书中记述：“没想到，半个月后，我们赖以与敌周旋的狼牙山，却陷入了敌人的重重包围。”以往的日军由于兵力少，所以不敢进入纵深去“扫荡”。但这一次，日军不仅集结了重兵，还有熟悉狼牙山地形的汉奸赵玉昆的伪军给他们带路。日军从易县、金坡、满城、徐水、大王店、保定等据点倾巢出动，很快就形成了对狼牙山的合围。心狠手辣的日军将狼牙山下的南、北淇村两个村庄内的共 500 多名群众全部杀害。

9 月 24 日，日、伪军出动 3500 余兵力，仗着飞机、大炮的掩护，分多路合围、“清剿”狼牙山区。日军狂妄地叫嚣：“这次‘扫荡’，要石头过刀，草木过火，狼牙山也要晃三晃。”气焰十分嚣张。日军之所以这么仇视狼牙山，一是因为狼牙山周边地区是八路军晋察冀根据地的核心区域，二是日军几次进山“扫荡”都伤亡惨重，大败而归，这令骄横的日军颜面扫地，备感耻辱。

浴血撕开封锁线

由于狼牙山山势险要，地形复杂，所以在历次反“扫荡”中，狼牙山周围群众和邻近几个县的党政机关经常在此隐避。此时在日军的包围圈中，有易县、定兴、徐水、满城 4 个县的党政机关、游击队和群众三四万人。为了避免惨案再次发生，杨成武决定组织群众突围。

但是，在狼牙山包围圈内只有第 1 团 7 连这一个连的兵力和部分民兵。面对敌众我寡的局势，杨成武想到了一个“围魏救赵”之计，具体作战部署是：“命令已经跳出合围圈的第 3 团和第 20 团猛攻管头、松山一带的日军，迫使包围狼牙山的日军一部撤围增援。”日军“扫荡”的主要目的就是仗着优势兵力、装备与八路军主力决战，现在一看八路军大部队主动找上门来，立即从九莲山、碾子台和雪踅岭等地掉头围堵。第 3 团和第 20 团付出了惨重的牺牲，才使得狼牙山、九莲山至沙岭子一带出现了大约二十里宽的口子，数万群众需要紧急从这里突围。

据杨成武司令员后来回忆：狼牙山区被围人员的转移是由当时正在狼牙山上养病的第 1 团团长邱蔚同志指挥的，“他把担任后卫、掩护地方党政机关和乡亲们突围的重任交给了 7 连。根据我的意见，他要 7 连等大家安全转移后，留下一个班拖住敌人，最后转移。”

狼牙山阻击战

邱蔚团长接下这艰巨的任务后，紧急召开了碰头会。散会后，邱蔚又叫住了连长刘福山说：“福山，留下你们连牵制迷惑敌人，坚持到明天中午不能让敌人越过棋盘坨，这可是一次硬任务啊！”

刘福山坚决地说：“团长，我们 7 连哪次任务没完成得漂亮?!”狼牙山根据地建立以来,7 连一直没有离开过北岳和狼牙山地区,在团、营长的指挥下,与日本侵略者进行了殊死的搏斗,一次次反“扫荡”破“清剿”,大小战斗参加了很多次,血与火的洗礼,把 7 连磨炼成一支能征善战的钢铁连队。连长刘福山、指导员蔡展鹏都是 20 多岁的年轻人,身经百战,在全团是数得着的、敢打硬仗的连队指挥员。

邱蔚

7 连接受任务后,马上开进山上,为了做好战斗准备,一路上边对地形进行勘察,边把手雷埋好。午夜时分,邱蔚团长指挥部队及当地群众从盘陀路安全地转移到了田岗、牛岗、松岗一带。

9 月 25 日凌晨 4 时许,山下传来几声“啪啪”的枪声。“有情况,准备战斗!”连长刘福山立刻下令,“第 2 班、机枪班跟我把北山口右翼无名高地抢占,把上狼牙山的各条道路控制住,其余各班听指导员指挥。”

不久,在弯弯曲曲的山路上,一股日伪军向上爬来,等日伪军距7连阵地只有十几米的时候，刘连长一声令下："打！"随着密集的枪声，在7连阵地前顿时横七竖八地倒下了一大片日伪军。同时，在几处山梁上的其他班的战士和民兵也接到蔡指导员的指挥，开了火。当时的阵势，就好像八路军遍布整个阵地。以为网住了一条"大鱼"的日伪军不惜一切代价，发动多次进攻，但都被一次次地击退了。

这时候，外围的日军被第1军分区3团和20团一阵夜袭，也调整了计划。南路第110联队没有向狼牙山大举进攻，他们的主要目标改为捕捉外围的八路军主力部队。北路的敌军却继续逼近。北路敌人是日军的易县警备队和伪军的易县警备团，这个警备团为首的就是汉奸赵玉昆。

惊天一跳山河壮

9月25日拂晓，"清剿"狼牙山区的日、伪军500多人在汉奸赵玉昆指引下向狼牙山龙王庙、棋盘陀等地进攻。日军指挥官深信邱蔚团已被围住，出动了飞机和大炮，攻势猛烈，火力凶猛，就像是那咬着就不会松口的恶犬一样，始终对八路军穷追不舍。在棋盘陀，马宝玉将6班战士分成2组，阻击企图在棋盘陀汇合的敌人。虽然敌我力量悬殊，但是7连全体官兵巧妙利用狼牙山奇峻险绝的地形优势，毫不畏死地与日军搏斗，先后打退了敌人数次猛烈进攻。为此，7连付出了惨重的代价。连长刘福山身受重伤，战士大部分牺牲。这时，日伪军把包围圈逐步缩小，情况变得愈发紧急了。考虑到阻击任务已完成，同时也是为了把连队的战斗力保存下来，让转移出去的干部群众争取走得更远一些，连长和指导员做出了留下一个班对日伪军继续阻击的决定。

此时，一个人站出来，喊道："连长，让我们6班负责坚守任务！"说这话的正是6班班长马宝玉，指导员蔡展鹏看到他站得笔直，眼神坚毅，正准备说话，就看到6班另外几名同志也站了出来，说道："指导员，我们请求出战！"这4名同志分别是胡德林、胡福才、宋学义、葛振林。

目送着转移的战友远去，马宝玉和战士们站在山头，此刻他们心中只有一个信念，那就是：只要这里有我们在，棋盘坨就是一把铜锁，狼牙山就是一道铁墙！

富有战斗经验的5名战士，为了引开敌人，让大部队更安全地转移，故意把行踪暴露给敌人，并引他们往棋盘陀方向去。几百名日伪军紧咬不舍，他们坚信追击的还是八路军主力部队。5名战士利用险要地形，把冲上来的敌人一次又一次地打了下去。掩护任务胜利完成时，马宝玉下令撤离，刚走不远就面临岔路口的选择。向北是部队机关和群众转移的方向，走这条路可以迅速归队，但是敌人尾随在后面追上来，将会使部队和群众处于危险境地。向南走通向棋盘陀顶峰，那里三面悬崖绝壁，是一条绝路。

班长马宝玉思考片刻，带头向棋盘陀顶峰走去，战士们紧跟在后面，每个人心里都很清楚，班长要把日军引上绝路。他们宁可牺牲自己，也要保证部队机关和群众的安全。他们抓着从石缝里伸出来的小树，踏着凸出的岩石，向着棋盘坨峰顶攀去。太阳西斜时，马宝玉等人将敌人引向了棋盘陀的一处绝境——小莲花峰的牛角壶。已经急红了眼的敌人堵住了牛角壶向外的唯一通路，且陆续往崖顶上爬。“八路军，跑不了……”崖下的日伪军得意地狂叫着。

经历了石门、阎王鼻子、棋盘陀三场阻击战和一路诱敌深入的游击战，马宝玉等 5 名战士子弹已经打完了，只剩下唯一的一颗手榴弹。日军从枪声中判断出，马宝玉他们枪弹已尽，迅速向上逼近。正当胡福才拿着手榴弹准备往下扔时。马宝玉飞快地夺了过去，别在了腰上。战士们都明白，这是给他们自己留的。日军一看没有枪击，爬得更欢。副班长葛振林不知哪里来的那么大的力气，搬起一块大石头，举过头顶，狠狠地向最前面的一个日寇砸去。日寇立刻像被击中的乌鸦，飘飘摇摇落进深谷里。

滚落的大石头，还有头顶不断飞来的石块，形成了一道独特的“石头火力网”，一时间日伪军叫苦不迭。敌军这一次进攻被5名战士成功击退，几人也获得了暂时的喘息机会，可他们明白，下一次进攻已经挡无可挡。马宝王最终决定把这最后一颗手榴弹“留”给敌人，他抓过手榴弹，往前跑了几步用力抡起胳膊投了出去，“轰”的一声，五六个日伪军应声被炸到山谷里。

马宝玉扔出手榴弹后，习惯性地扭头对战友们喊了一声“撤”，但在三面悬崖一面绝地的牛角壶，他们已经无路可撤了。

即使在紧张的战斗中，马宝玉和葛振林还商量介绍胡德林、胡福才、宋学义3名战士入党的事。宋学义曾经回忆过这段历史。在狼牙山战斗打响前，宋学义问班长马宝玉，什么是党员？马宝玉说：“打仗冲在最前边的就是党员。”宋学义又问：“班长，你是党员吗？”马宝玉笑笑没有说话。宋学义就说：“班长，我要入党！”在狼牙山战斗打到最后的时刻，马宝玉对宋学义说：“在这次战役中你们表现得很好，如果能够活下来，我会向组织提议做你们的入党介绍人。”

马宝玉说这话时，已有一队日军爬上牛角壶。马宝玉和葛振林交谈了几句后，激动地对其他3名战士说：

“同志们！我和葛振林是共产党员，根据你们平时的表现，经过这次战斗的考验，证明你们完全符合入党条件。现在我和老葛就做你们的入党介绍人，让我们都用实际行动，表示我们对党的无限忠诚吧！”

攻上山顶的日军发现他们以为的八路军大部队居然只有5个人。就这5名八路军战士与500多日军打了一天，消灭了他们100多人，他们不敢相信自己的眼睛。凶顽的敌人越逼越近，号叫着：“抓活的，抓活的！大大的有赏！”

此时，马宝玉正了正帽子，拉了拉衣襟，伸手抓住葛振林的肩膀，一字一句地说：“无论如何，不能当俘虏！”说完，他看了看其他3名战士，咬了咬牙，突然盯住提在他手里的那杆三八大盖步枪，说：“人牺牲了，枪也不能叫敌人得！”他把手中的步枪，狠狠地砸在大石头上断成两段，然后高喊着口号第一个纵身跳下悬崖。与此同时，葛振林抡起枪使劲往石头上一摔，没摔烂，也随手扔进山谷，飞身向崖边跑去。胡德林、胡福才、宋学义3名战士，手提着枪，也随即纵身一跃，消失在深不见底的山谷之中。“打倒日本帝国主义！中国共产党万岁！”气壮山河的口号声回荡在狼牙山群峰峡谷中，西边燃烧的夕阳似乎都在为他们送行，山林间“呜呜”的风声似乎都被他们的壮举所感动。狼牙山上五壮士纵身一跃的画面，被定格成了中国抗战史上最为悲壮的一幕。

爬上崖头的敌人，目睹眼前壮烈的场景，一个个大惊失色、目瞪口呆。面对五壮士跳崖处，日军小队长脱下了军帽，随着他的口令，日军整齐地排成队列，恭恭敬敬向崖下三鞠躬。他们完全被中华民族不屈不挠、捐躯殉国的牺牲精神折服了！

日本翻译官此时向清乡队喊起来："八路军真坚决啊，宁愿摔死不投降！"而一些伪军的良心则受到了震撼，自惭到了极致，有的在小声地骂自己："我们是个什么东西？人家才是真正的中国人哪！"

几天后，一个日本兵匆匆登上了狼牙山。他来到棋盘陀下的道观里，向李圆通道长"讨教"，当谈起 5 名八路

小贴士

李圆通：又名李圆忠，出生于河北省满城县魏庄村的一个武术世家，自幼习武，身怀绝技。曾在直系军阀吴佩孚部任营长，因厌倦军阀混战，来狼牙山道观隐居避世。后来加入抗日队伍，道观成为八路军重要联络点。李道长被誉为可敬的"抗日老道"。

军战士的情况时，李道长意味深长地说：“我也当过几年的兵，但还没有见过像八路军这样的军队，真是神勇之兵啊！”

世人见证英雄壮举

1941 年 9 月 27 日，日军在营头召开了两天的“庆祝占领棋盘陀”大会，指挥官高见大佐对着他的数千名士兵训斥道：“学学八路军顽强的战斗精神吧！”然后又非常悲哀地说：“他们的只有五个人，我们的却有 1000 多人……我们被地雷炸死的就有 100 多人……这是皇军的耻辱！大大的耻辱……”但高见大佐不知道的是，在通往狼牙山和棋盘陀那样的羊肠小道上，被日本皮鞋所踩到而爆炸的，是地道边区军工厂制造的三个一束的手榴弹，八路军的地雷是要拿去炸日军铁路的。

关于狼牙山战斗中八路军指战员英勇作战的情况，见于 1968 年由日本防卫厅防卫研修所战史室组织编写的《华北治安战》。书中比较详细地记述了当时日本侵略者对中国共产党领导的华北抗战所采取的各种战略、战术，及其遭到强烈抵抗的情况。该书评价八路军信念坚定，军纪严明，对民众秋毫无犯，战斗力极强，经常能打到最后一人，而且极少被俘虏，是东亚最强的军队，是日军的心腹大患！在总结日军“肃正作战”的教训时，谈到八路军“负责掩护主力退却的部队，即使兵力薄弱，也必进行顽强抵抗”，“共军哨兵在退却之际，有故意向与主力相反方向退避的倾向”。这从一个方面说明了狼牙山五壮士这样的以小部队掩护主力转移、顽强抗击日军的战例是不容置疑的事实。从《华北治安战》中可以看出，从相持阶段开始后，日本人的主要目标就是八路军与新四军了，而不是国民党军队！

知道真相的还有亲自见证“扫荡”的日本人。1997 年 7 月，一个日本老兵回到河北易县，再一次来到狼牙山，向被屠杀的村民和狼牙山五壮士谢罪。这个日本老兵名叫茅田幸助。

车子来到狼牙山脚下一个拐弯处，老人要求停车。下车后，他面对狼牙山笔直立正，用日语大喊了一声，随后跪在地上，一边磕头一边号啕大哭。擦干泪水后，他说，作为一名小队长，就是他带领日军把五壮士逼上悬崖的。目睹 5 名战士跳崖壮举后，他命令士兵脱帽敬礼、朝天鸣枪，向英雄致敬。后来有人告发此事，他因此被调回日本国内并受到处分。临走时，他把自己当年在战争中使用过的军刀留了下来。老人说，当年他佩戴这把军刀追杀八路军战士，又在山下北淇村参与了“血井”惨案，这把刀沾满了中国人的鲜血，见证了他当年所有的罪恶和暴行。这是他今生难以忘却的一场噩梦。谢罪，是他寻求解脱的唯一途径。

在不少日军史料中都肯定了中国军队的英勇善战。比如侵华日军某师团大队史评价：“共产党指挥的八路军十分顽强”；《姬路步兵第139联队战殁者名单》评价八路军“在武器装备较差的情况下作战勇猛，搜集情报的能力极强”。其中日军《冈山步兵第百十联队史》一书记载，第110联队第3大队、第2大队第8中队、机枪中队于9月25日将狼牙山团团围住，经历1日的激战，才攻上了狼牙山山顶，山上仅有的几名中国军人，直接跳下悬崖，无一人生还。这次战斗被日军收录至供普通士兵学习所用的“勇战奋斗战例”中，在具体时间、地点和作战细节上也与中方史料记录基本一致。

当年在那支安全转移的群众队伍中，就有狼牙山镇东西水村妇救会主任王贵兰。那时反“扫荡”斗争十分严酷，在这种困境下，八路军和晋察冀老百姓彼此搀扶，互相支持，八路军官兵一天只吃两顿饭，宁愿饿着肚子也要省下一顿给老百姓。多年后她常对孩子们说的一句话就是：“要是没有共产党没有八路军，咱们活不了！”

刘宏泉是狼牙山五壮士所在连连长刘福山之子。他说，在 1941 年那次反“扫荡”战斗中，他的父亲右眼被打瞎，腿也被打断。“他们 5 个人，换回了多少人的命啊！”正是由于 5 名战士的英勇机智和无畏牺牲，刘福山和众多伤员以及数万军民最后都得以安全转移。

在狼牙山下几个村庄，许多人从小是听父辈讲狼牙山五壮士的故事长大的。五壮士在危急关头为掩护群众撤退而纵身一跃的光辉事迹令群众感动，他们敬畏牺牲在这里的每一位烈士，深深地感觉到幸福生活来之不易，如今能够过上好日子，都是沾了英雄的光，一定要把英雄的故事讲下去。

在易县狼牙山五勇士铜像旁，那篇我们耳熟能详的小学课本里的文章《狼牙山五壮士》，被逐字逐句雕刻在一块石碑上。2015 年 5 月 15 日，狼牙山镇中心小学正式命名为“狼牙山五壮士红军小学”，这是全国第 195 所红军小学。

“一寸山河一寸血，一抔热土一抔魂。”在中华民族最危急的关头，无数中华儿女挺身而出奔赴保家卫国的第一线。“上过战场，流过血的才是真正的战士，身上的伤疤，才是军人真正的勋章。”这是老兵们掷地有声的誓言！

“我们不怕死亡，就怕遗忘。”抗战老兵的肺腑之言，深刻地警示着世人,“战争的硝烟早已散去,但那段屈辱的历史不该被遗忘,和平来之不易,和平必须捍卫。那些共赴国难、抵御外侵、视死如归的抗日将士必将成为中国人民的精神丰碑。”2015 年 9 月 3 日,在纪念中国人民抗日战争暨世界反法西斯战争胜利 70 周年的阅兵式上,当抗战老兵乘车方队经过的那一刻,整个广场,4 万多名观礼的干部群众自觉起立,致敬战火硝烟里走来的民族脊梁!令老兵们无比欣慰的是,身后排山倒海的铁甲洪流,呼啸苍穹的列阵战鹰,是新一代革命军人对伟大抗战精神的最好传承和纪念!

第七章　得救助英雄绝处逢生

狼牙山五壮士跳下悬崖后，马宝玉、胡德林、胡福才为国捐躯，壮烈牺牲，时年分别为 21 岁、24 岁、28 岁，生前连一张照片都没能留下。幸运的是，葛振林和宋学义被悬崖上的树枝挂住，身受重伤被当地百姓搭救。1941 年 11 月 5 日，《晋察冀日报》刊发前线记者沈重采写的《棋盘陀上的五个“神兵”》，八路军战士的英勇壮举，很快在边区传颂。而此报道多年后被改编为《狼牙山五壮士》收录入小学课本。

狼牙山万世颂英雄

在五壮士纵身跳崖的那一刻，有一个人正在棋盘陀对面不远的大莲花瓣山上，流着热泪看着那个惨烈的场面，他叫冉元同，是狼牙山脚下的一名农民。

这位身材不高的中年农民，还是一名民兵、抗日积极分子，曾多次给八路军带路、送情报，因此认识很多军分区 1 团的官兵。当日军扑向龙王庙子村的时候，他赶紧将负责照看的一位八路军伤病员背进山洞隐蔽起来。当他回头想照顾家里亲人的时候，被日军发现、追赶，不得不跑上了狼牙山，与 5 名战士在山上相遇。当时，几名战士一边用枪声吸引敌人，一边往棋盘陀山峰上爬，忽然碰到冉元同，就赶紧喊：“老乡！鬼子追来了，快找个地方藏起来吧！”冉元同问：“同志们上哪儿?”“上棋盘陀。”葛振林回答。冉元同劝道：“别上那儿，太危险。附近就有山洞，鬼子找不着。跟我去吧！”马宝玉说：“不行啊，我们得把敌人引到棋盘陀去！”说完，他们转身攀上棋盘陀附近的一座山峰。这个山峰叫牛角壶，异常险要。那凌空而起、伸出来像只牛角的悬崖，让人望而生畏。牛角壶三面是悬崖绝壁，只有一面有条崎岖险峻的小路，爬上牛角壶，等于走上了绝路！

冉元同只好先藏在一个山洞里。他听到了棋盘陀激烈的枪炮声，爬上对面的大莲花瓣山上，真真切切地看到了 5 名战士战斗的经过和跳崖殉国的壮烈一幕。

冉元同在大莲花瓣山，由于一心牵挂关注着 5 名八路军战士的安危，哪里高、哪里能看见他们，他就往哪里去，连山洞也不钻了。马宝玉 5 人连续打退了敌人多次进攻，子弹打光了，手榴弹也没有了，就用山上的石头砸敌人。这一幕幕惊心动魄的惨烈场景，让冉元同热血沸腾，感动的泪水止不住地往下流。

也几乎同时，棋盘陀道观的李圆通道长，从松树陀的另一个山洞里钻出来，看见对面险峰上八路军 5 名战士正用山上的石头与日寇搏斗。李道长和冉元同在不同的方位看着狼牙山上 5 名战士，他们身边的石头扔完了，退路也没有了，面对的三面都是悬崖绝壁和万丈深渊，最后舍生取义。李道长和冉元同心中油然升起感佩之情。

冉元同只看见"五壮士"纵身跳了下去，由于视线的遮挡，没有看到葛振林和宋学义被挂在树上。冉元同认定 5 名八路军战士已经牺牲了，等日寇撤走后，他摸黑下了山，找到几个躲起来的村民，把"五壮士"的情况一五一十告诉了乡亲们。

第二天天刚蒙蒙亮，他带着村民们冒险沿着一条崎岖小道来到棋盘陀崖底，寻找烈士的遗体。太阳升起一竿子高时，他才找到了胡福才的遗体，又在脚坡的石堆上找到了马宝玉和胡德林的遗体。他继续寻找，找了一个多钟头，就是不见另 2 名同志的遗体，只好作罢。

他们把 3 名战士遗体搬到一个平缓的土坡上，并排放在一起，周围用石块砌起，在上面撒了一层土和石块做好标记，待日后将烈士重新安葬。

生死一线绝处逢生

在峡谷的深处，葛振林冥冥中觉得耳边有风吹树叶的声音，感觉自己好像还活着。他试着睁开眼睛，看到的是一片漆黑。他想活动一下胳膊，刚一动身，一阵无比的疼痛传遍全身。他忽然记起来了，那个瞬间，他和宋学义是一前一后从一处崖口跳下去的。当时他闭着眼睛，只觉得身体迅速下坠，越坠越快，峡谷的风把两耳鼓胀得很疼。然后他觉得被树枝猛地弹了一下，随即听到有树枝折断的声音，他两手下意识地乱抓，突然，头被重重地撞击了一下，两眼一黑，便什么也不知道了。

宋学义与葛振林的境遇差不多，他在距葛振林七八米处，恰巧被另一棵枯树挂住。他虽然处于距葛振林靠上的位置，但下落过程中腰部受了重伤，左眼也被树枝戳伤，当时就昏死了过去。不知过了多长时间，宋学义好像有了知觉，耳边有风吹动树枝的声音，意识到自己还活着，想动动身却动不了，慢慢地感到浑身僵硬、疼痛……

葛振林再次醒来已近半夜时分，他觉得脑袋昏沉沉的，试着活动一下身体，胳膊腿脚还能动，感觉身上还有气力。他凭着自己的感觉判断,他是在半山腰被树枝挂住,才幸免于难。发现自己存身的位置,是一棵陡壁上斜长出来的矮树,树上缠满了藤条,树的左侧有一块突出的岩石,岩石的左面是一道缓坡,可通山顶。他把满是伤痕的手伸进岩缝,牢牢抓着岩石的棱角,脚蹬着突起的石块和夹缝中长出的藤条,开始一步一步向崖顶爬去,累了就停下来喘一会儿,然后再调动全身的力气,再爬一节。不知爬了有多远,爬着,爬着,他实在爬不动了……

也许是冥冥之中自有天助,当时任易县青年救国会主任的余药夫跟随大部队一起转移却不幸失散,为躲避日军的"扫荡"正好躲在悬崖下的崖缝里,他似乎听见下边不远处有声响,便不顾危险,急忙滑了过去,竟发现了葛振林。他把葛振林的胳膊搭在自己肩上,托着他向前爬去。这时,崖下边好像有动静,二人不由警觉起来,仔细听像是人的哼哼声。

余药夫向崖下搜索,大约过了半个多钟头,葛振林听得崖下有叫声,急忙站起身,却听余药夫说道:"还有一名同志活着哩!"葛振林大喜过望,急忙踉踉跄跄地向崖边爬去。

这时余药夫已经爬上来了,背上背着一个人,葛振林一看是宋学义,急忙喊他的名字,但宋学义伤势严重,睁了睁眼又昏了过去。

两位英雄大难未死，奇迹般地得救了，那么余药夫为什么会出现在这里呢？

原来，9月23日中共易县县委召开紧急会议，部署反“扫荡”工作。县委派余药夫来狼牙山脚下向住在管头村的区干部传达会议精神。傍晚时分，接到通知：日寇将于明天开始对狼牙山根据地进行“铁壁合围大扫荡”。散了会，余药夫连夜和区里的同志们组织群众向安全地方转移。

余药夫护送群众撤离，在翻越沟堑时脚部不慎受伤，行动不便，为了不连累大家，便在山上一个废弃的小屋中疗伤，后来和转移的队伍失去了联系。日寇占领了山口并上山后，余药夫未走脱，自己藏在一座山坡的崖洞里，说是崖洞，实是一条崖缝，这个崖缝的最上端就是棋盘陀的顶峰。

人民群众全力救助

余药夫搀扶着葛振林和宋学义向山下艰难地走去，二人身受重伤，根本无法行走，宋学义腰部疼得难以忍受，就一点点爬着向前挪动，后来挪也挪不动了。余药夫只好先搀着葛振林走一段，放下，再回来背宋学义。这样走了一段路，好不容易到了欢喜台，把余药夫累得满头大汗，气喘吁吁。他的脚部也有伤，又近一天一夜没吃东西，但为了救活 2 名战士，他咬紧牙坚持着。

余药夫看 2 名战士伤势严重，特别是宋学义伤得厉害，站都站不起来，口中还不时地吐着血，如果不及时救治，怕是撑不到天亮。他心急如焚，决定先在道观休息。由于当时山上情况不明，既担心有隐藏的敌人，又担心踩上自己人埋下的地雷，为了安全起见，余药夫先往前探一段路，摸清情况再回来搀扶二人。他来到棋盘陀下的道观旁，看了看周围，确定没有异常，便找到两根棍子，三个人相拥着一步一步向道观挪去。

李圆通道长惦记着道观，更惦记着山上跳崖的 5 名战士。天黑时，枪声渐渐停止了，李道长立刻下山向棋盘陀赶来。

道观已被日寇的炮火炸毁，但还没有完全倒塌，观顶被山炮炸出了几个洞，里面还能容身。余药夫安顿葛振林和宋学义躺下，便寻找吃的东西，寻了半天在墙角的瓦罐里找到了一些小米，打来山泉水，急忙为二人熬了一点粥。这时正好碰上赶回来的李道长。

李道长出家后走遍狼牙山大小山头，采百草，熬制药剂，钻研医学，常为百姓解除病痛，救死扶伤，成为远近有名的中医先生。他用手中的中国古方为二位英雄止血疗伤，将他们从死神手中救了回来。

时隔45年后，葛振林和余药夫再次相会于狼牙山，两位老人展开双臂，情不自禁地拥抱在一起。临别之际，葛振林戴上老花镜，在余药夫的日记本上，一笔一画地写下了几句话：

在45年前的9月25日晚，在狼牙山的顶峰上，你救援我们，今日又见面。

1986年9月27日留念

钢铁战士带伤归队

当7连6班5名战士与日寇进行殊死搏斗的时候，杨成武司令员在完县与唐县交界的花塔山陷入日军的重围之中，正在极力脱离险境。李圆通、冉元同隐蔽在山上的杂树丛中，目睹5名战士的壮举，他俩及时准确地向附近躲藏的群众述说这一悲壮的经过，英雄的事迹得以迅速向外界传播。

几天后杨成武从梯子沟突围后到达大坪地，用“飞线”与各情报站点通了电话，听闻了五壮士的英雄事迹。杨成武是优秀的政工干部出身，知道一个英雄事迹的出现对士气的鼓舞具有何等重要的意义。在到达狼牙山、九莲山的当晚，通过电话，杨成武与当时回到狼牙山上老君堂的1团团长邱蔚取得联系。当杨成武听到狼牙山跳崖的5名战士中还有两人活着的时候，立即指示宣传干事钱丹辉去了解情况。

经过当地群众的全力救治和护送，当葛振林、宋学义带伤归队时，所有人看见他们的样子都忍不住红了眼眶。接受命令的钱丹辉先去老君堂，找到还在养病的1团团长邱蔚，了解事情的整体情况。邱蔚当时只讲了一个大概，即狼牙山突围时，他安排7连担任掩护任务，进一步详情就不清楚了。钱丹辉很快赶到桑岗村卫生院，从狼牙山突围脱险后的一分区卫生部就隐蔽在这里。身负重伤的葛振林、宋学义此时正在这里治疗养伤。医院医务人员被英雄的事迹所感动，全力以赴为两位英雄救治。虽然幸运获救，但身负重伤的2名战士在此后的人生中不得不与伤痛相伴。葛振林的头顶上留下了一个2厘米见方的深坑，长子葛长生说，因为头痛怕风，父亲不得不长年戴着一顶旧军帽。受伤更重的宋学义，则是落下了严重的腰疾，腰间需要弄个腰卡或者系条绳子勒住，才能坚持站立。四女儿宋小挺至今记得父亲想办法缓解腰疼的样子，“他就是在家里扒着门框，等于把腰椎拉开，非常非常疼，直不起腰来，拉开之后才能行走。”

钱丹辉在桑岗村卫生部看望正在养伤的葛振林、宋学义，详细询问整件事情的始末，在返回的路上打腹稿，最终钱丹辉写了一份几千字的情况报告，然后在报告的基础上另写了一份几百字的电文报给太行八路军总部和延安。

当五壮士的英雄事迹报到晋察冀军区后，聂荣臻司令员给予高度评价，他说："他们身上体现了中国共产党领导的人民军队的优秀品质，体现了中华民族的英雄气概。"晋察冀军区政治部作出了"宣传五壮士，向英雄学习"的决定，聂荣臻司令员指示：要通过各种形式，广泛宣传学习狼牙山五壮士的英雄事迹，做到家喻户晓，以激励军民斗志。

数十年过后，想起他们的事迹，聂荣臻还深情地追忆："每当我回忆起晋察冀边区的峥嵘岁月，总是心潮起伏，久久难以平静。狼牙山五壮士的故事，是最使我感动的事迹之一。"

1941年10月18日，为了悼念为国捐躯的马宝玉、胡福才、胡德林3名烈士，第1军分区召开了隆重的追悼大会。杨成武司令员在追悼大会上宣读了晋察冀军区司令部和政治部发出的训令，训令中正式称这5名战士为——"狼牙山五壮士"。同时晋察冀军区决定了四项纪念办法：

一、在每次战斗中，高度发扬英勇顽强的战斗精神，以战斗胜利纪念他们；

二、在烈士牺牲的地方建纪念碑；

三、授予马宝玉、胡福才、胡德林三烈士为一团模范荣誉战士，每逢纪念日点名，首先从荣誉战士点起；

四、对光荣负伤的葛振林、宋学义除通令嘉奖外，各赠“模范青年”奖章一枚。

10 月 23 日，晋察冀军区政治部出版的《抗敌三日刊》(第 318 期)刊载了这一训令。

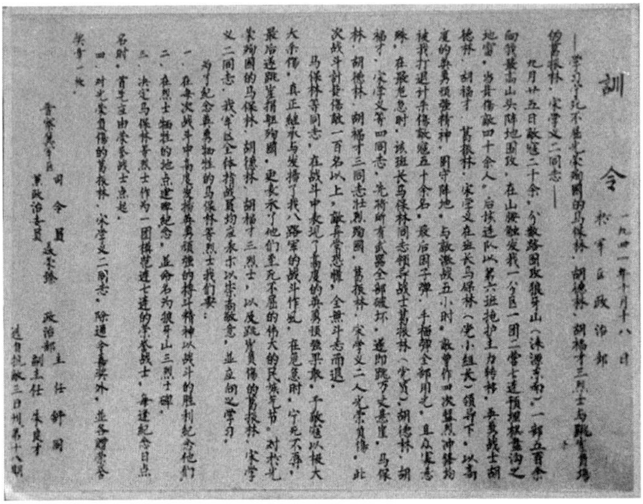

训令

一九四一年十月十八日 军区政治部

——学习宁死不屈壮烈殉国的马保林、胡德林、胡福才三烈士与跳崖负伤的葛振林、宋学义二同志——

九月廿五日敌寇二千余，分数路围攻狼牙山（涞源易县），一部五百余向我棋盘山头阵地围攻，在山顶驰突我一分区一团二营七连预埋枪盘陀之地雷，当其伤敌四十余人。后该连队以第六班掩护主力转移。英勇战士胡德林、胡福才、葛振林、宋学义在班长马保林（党小组长）领导下，以高度的英勇顽强精神，固守阵地，与敌激战五小时。敌曾作四次猛烈冲锋均被我打退计杀伤敌寇五十余名。最后因子弹、手榴弹全部用光，且众寡悬殊，在紧急危时，该班长马保林同志领导战士葛振林（党员）、胡德林、胡福才、宋学义等四同志，先将所有武器全部破坏，遂即跳万丈悬崖。马保林、胡德林、胡福才三同志壮烈殉国，葛振林、宋学义二人光荣负伤。此次战斗计毙伤敌一百名以上，敌异常恐惧，全无斗志而退。

马保林等同志，在战斗中表现了高度的英勇顽强精神，予敌寇以极大大杀伤，真正继承与发扬了我八路军的战斗作风。在危急时，宁死不辱，最后选跳崖牺牲殉国，更表示了他们至死不屈的伟大的民族气节。对于光荣殉国的马保林、胡德林、胡福才三烈士，以及跳崖负伤的葛振林、宋学义二同志，我军区全体指战员均应表示以崇高敬意，并应向之学习。

为了纪念英勇牺牲的马保林等烈士我们要：

一、在每次战斗中高度发扬英勇顽强的战斗精神以战斗的胜利纪念他们

二、在烈士牺牲的地点建碑纪念，并命名为狼牙山三烈士碑。

三、决定马保林等烈士作为一团模范连七连的荣誉战士，每逢纪念日点名时，首先应由荣誉战士点起。

四、对光荣负伤的葛振林、宋学义二同志，除通令嘉奖外，并各赠荣誉奖章一枚。

晋察冀军区 司令员 聂荣臻 政治部主任 舒同

军政治委员 副主任 朱良才

选自抗敌三日刊第十八期

晋察冀军区学习“狼牙山五壮士”的训令

1942 年 5 月，晋察冀军区举行了“狼牙山五壮士”命名暨反“扫荡”胜利祝捷大会，晋察冀军区领导机关授予 3 名烈士“模范荣誉战士”称号，并追认胡德林、胡福才为中国共产党党员；通令嘉奖葛振林、宋学义，并授予“勇敢顽强”奖章。

宋学义和葛振林康复归队照片（狼牙山五勇士陈列馆藏）

永不磨灭的丰碑

1942 年 3 月，为纪念和表彰 5 名抗日英雄，在极端困难的情况下，当地革命政府决定在棋盘坨主峰修建狼牙山三烈士塔。边区军民自己带着干粮和工具(当时根本就没有工钱一说,全是自觉自愿),肩扛、身背、手提,攀山崖,翻陡壁,将一块块石料,一袋袋沙子、一筐筐灰料、一桶桶水送上了海拔 1000 多米高的狼牙山。杨成武司令员曾回忆到:“乡亲和战士们,满头大汗地挑着水和石灰艰难地、一步一步地向高耸入云的棋盘坨爬去。在他们身后,一群山羊背上绑着砖头,在放羊人的驱赶下,‘咩咩’叫着,在乱石和荆棘中寻找着‘路’,攀向棋盘坨。狼牙山周围的乡亲们多好啊!他们勒紧裤带,冒着坠崖的危险,为中华民族的英雄壮士建纪念碑。”1943 年,日军不

狼牙山五勇士纪念塔(狼牙山风景区提供)

敢让记录自己耻辱的“证物”留在世上，用山炮将该塔击毁。1959 年该塔又得以重建，聂荣臻元帅特地为塔题名“狼牙山五勇士纪念塔”。

如今，抗日战争的硝烟早已不在，五壮士纵身一跃也已经成为历史，然而英雄从未远去，这些抗日战争中产生的英雄模范人物乃至自近代鸦片战争以来为中华民族独立和解放视死如归的无数仁人志士和革命先烈，我们并不曾忘记，他们的英雄壮举和牺牲精神已然化成了中华民族伟大复兴的强大力量，为后人世代传承。如今，“狼牙山五勇士纪念塔”威严地屹立在狼牙山最高峰顶，为狼牙山标注了“英雄之山”的闪亮坐标。

铁血的军魂英雄的连队

“狼牙山五壮士”英模部队是一支战功卓著、英雄辈出的部队。红一团在战争中获得赫赫战功，曾被苏维埃政府授予“牺牲决胜团”“顽强抗敌红一团”称号。红军长征中的“大渡河十七勇士”、抗战时期的“狼牙山五壮士”、解放战争中 38 把尖刀把把见敌血的“密云尖刀连”以及对越自卫还击战中的“攻坚英雄营”等英雄模范集体都出自该团，在 1998 年长江抗洪中，红一团还是全军唯一一支被中央军委授予“集体一等功”的抗洪英雄团队。它的历史就是一部中国人民解放军史。

在80多年的历史里，虽然部队番号历经30余次变更，当年被八路军总部授予“狼牙山五壮士连”的荣誉称号，依然属于英雄7连，一代代7连官兵一直踏着“五壮士”的足迹前进，传承着“五壮士”精神。

“马宝玉！”“到！”“葛振林！”“到！”在“狼牙山五壮士连”连史馆，面对狼牙山五壮士的塑像，连队用这样的方式开始点名——每呼喊一位英雄的名字，全连官兵便以震耳欲聋的声音齐声答“到”。这是他们每天集合点名的第一个仪式、第一道程序。通过这种经年累月、日复一日的重复，在连队每名官兵心里都种下了一颗种子，那就是：“我是五壮士连的传人，我只有为连队增光添彩的义务，没有为连队抹黑的权力！”英雄，以这样的方式在革命军队中永生。

小米加步枪、从敌军手中夺武器的年代早已过去，今天的“狼牙山五壮士”英模部队，早已是装备精良的步兵师；坦克、步战车、火箭筒、穿甲弹、冲锋枪、云爆弹……成为他们每天训练和触摸的装备。但他们的精神从未改变，雄壮豪迈的《狼牙山五壮士歌》，依然是他们最喜爱唱的歌曲。只有来到这里，我们才明白，历史从未远去，英雄始终活着。

2015年9月3日上午，在纪念中国人民抗日战争暨世界反法西斯战争胜利70周年阅兵式上，首次出现以10个英模部队名称命名的徒步方队，分别是“狼牙山五壮士”、“平型关大战突击连”、百团大战“白刃格斗英雄连”、夜袭阳明堡“战斗模范连”、“雁门关伏击战英雄连”、“刘老庄连”、“攻坚英雄连”、“东北抗联”、“华南游击队”、武警部队抗战英模部队方队，他们都是抗日战争中中国共产党领导的英模部队群体所在现役部队代表。继三军仪仗队之后，第一个通过天安门广场的徒步方队，就是“狼牙山五壮士”英模部队方队，作为全军英模连队，队列雄壮走过天安门前，接受人民的检阅！这些英模方队的名称，以无声的力量展现中国共产党走过的极其不易而又极度光辉的历程，这一历程以方队的形式展现在全国人民的面前，让每一个中国人铭记历史、珍爱和平、砥砺奋进，这是对抗战胜利的更大宣扬和对先辈英雄们的最高敬意，也是对人民军队优良传统的继承和发扬。

第八章　精神永存　英雄不朽

巍巍狼牙山，铁血五壮士。宁愿跳下悬崖粉身碎骨，也绝不当日寇的俘虏，五壮士在狼牙山的纵身一跃，被定格在伟大的中华民族抗日战争的历史上。而幸存的2名战士面对荣誉却总是退让，因为他们觉得那些牺牲的战友才是最应该享有荣誉的人。这就是我们的先辈，他们只是无数战斗英雄的缩影，他们用生命换来了新中国美好的明天，我们有何理由不去珍惜不去爱护呢？

英雄深藏功与名

鉴于葛振林与宋学义在狼牙山上的英勇表现，他们伤愈后很快被组织送到抗大二分校学习深造。1943年，宋学义在一次战斗中再次摔伤了腰部，二次住院治疗后，因为伤病太严重，已经无法再上战场，不得不在1944年离开部队，转业到河北易县狼牙山镇北管头村落户，任村

狼牙山五壮士之一宋学义

农会主席。1947 年，在得知自己的家乡——河南省沁阳县北孔村已经解放的消息后，他向组织提出申请，请求回乡务农。考虑到回乡之后，距离狼牙山就远了，因此在临走之前，他再次登上狼牙山，祭奠牺牲的战友。

1947 年 6 月，回到家乡的宋学义无亲无故，也没有房子住，在左邻右舍的帮助下，总算是搭了一个能遮风挡雨的简易房，一直到新中国成立后，宋学义依然家徒四壁。

北孔村，当时外号“百苦村”。北孔村地处沁河南岸大堤的堤窝里，一到夏秋汛期，河水就通过地下渗到堤外，地里汪洋一片。洪水退了，到处还是洇地皮水，一锨一个小水坑。井里的水都是苦的，收秋种麦以后，地里泛盐碱白茫茫一片。宋学义决定带领村民首先修渠排涝治碱地。“宋学义带领我们修渠的时候，天天见他带个皮质腰卡护着腰在犁地，一圈一圈，他说‘我身体不要紧，干多

宋学义故居大门上方的6个“军属光荣”牌

干少我都要干’。”当地的老人依然记着当年宋学义干活时候的画面。那次跳崖摔伤后，宋学义不得不长期戴着腰卡减缓痛苦。

经过几年顶酷暑战严寒，终于在1951年北孔村成功修通了六七条沟渠，南北三条排涝河，东西走向的灌溉渠，每条都有5米宽，4米深，长一两千米，全村基本上改善了水涝灾害。经过整治，北孔村一共打了30多眼机井，使全村近200亩耕地都能用井水浇灌，做到了旱能浇，涝能排，井渠双保，旱涝丰收。20多年的时间里，宋学义带领村民把贫瘠的家乡变成了十里八村的“先进村”。

小贴士

盐碱地：指土壤中盐分和碱性物质过多，导致土壤呈现出碱性或中性的一种土地类型。通俗来说是盐类集积的一个种类，这种土壤里面所含的盐分会影响作物的正常生长，甚至严重的盐碱土壤地区植物几乎不能生存。

回乡6年多，村里的老老少少，只知道宋学义是位伤残军人。直到1953年，新乡行署、军分区、沁阳县人民政府在北孔村给宋学义召开隆重的庆功大会，请他全家人坐在主席台上，村民才知道他就是赫赫有名的“狼牙山五壮士”之一。1959年11月，宋学义光荣出席了全国烈属、军属、残疾军人和复员退伍军人积极分子代表大会。会后，还应邀去了毛泽东主席家里做客。面对领袖毛主席，宋学义十分拘谨，毛主席开始递给他一支烟，他没接好，掉在了地上，毛主席笑着又递给他一支。毛主席还请他吃了一顿饭，饭桌上有一盘红烧萝卜丝、一盘炒菠菜、一盘虎皮豆腐、一盘炒肉丝，主食是烧饼，汤是小米粥。毛主席接见他的细节，宋学义铭记了一辈子！

在北孔村，那时候农村干部是不计工分的，但他仍坚持下地，腰不行，干不动重农活，就整天拾粪。在宋学义的儿子宋福保的印象里，父亲总是背着粪筐到处走，天热时到哪儿都戴个草帽。早先为防丢失，宋学义在草帽檐上用红笔写上自己的名字，后来改了，只写一个“宋”字。宋福保觉得奇怪就问父亲，宋学义的回答是，不能让人家一看见这名字就想起课本上写的、电影里演的狼牙山那些事，咱就是个农民，得讲本分。宋学义就是这样，洁身自好到了刻意回避自己名字的程度。可他也有喊着说自己是“狼牙山五壮士”的时候。

有一年，宋学义到河南滑县开会，适逢河堤决口，在场的群众手足无措。宋学义大喊：“我是‘狼牙山五壮士’宋学义，大家听我指挥，没带工具的下水，挨个坐在决口处筑成人墙。”说完他就第一个跳下去，坐在决口处，人们顿时跟着扑通扑通都跳了下去，用身体堵住决口。他非常清楚“宋学义”三个字好使，更清楚这三个字什么时候提才能实现最大价值。

宋学义在家乡的 20 多年间，历任村党支部书记、公社党委书记、县委委员等职务，曾先后出席中国共产党第九次全国代表大会、全国民兵英雄代表大会等重要会议。但是宋学义从来没有为自己的事情向组织开过口，始终保持着革命的优良传统，从不居功自傲。直到病逝，他一直没有离开过农村。

宋学义在艰苦卓绝的抗日战争中身负重伤，身体致残，又在长期的革命斗争中，忘我工作，积劳成疾，患了严重的肝病。党和政府给予了他很大关怀，沁阳县人民武装部派人专程将他护送到郑州153医院住院治疗。去世前，已经病入膏肓的宋学义执意前往狼牙山，但虚弱的身体已经不容许他登上狼牙山，在家人的搀扶下他深情地呼喊着老班长等战友的名字，泪流满面、泣不成声。1971年6月26日，宋学义病情恶化，在郑州与世长辞，享年53岁。

无论是在战场还是回归家乡，无论身份是五壮士之一抑或是农民，无论是战时的气壮山河，还是和平年代的无私奉献，宋学义从不曾因为自己被视为英雄而忘记共产党员的身份，更不曾因为被世人称颂而高高在上。相反，他更加勤勤恳恳、低调行事，把自己的一生都献给党和人民，默默走完了自己光荣而不平凡的一生。

1979年，宋学义被河南省革委会追认为“革命烈士”，长眠于沁阳烈士陵园，也是该陵园中唯一不是牺牲在战斗中的烈士。1984年11月，宋学义生前很少离身的“腰卡”，成为这座拥有千年历史的城市的博物馆所珍藏的一号文物。它见证了宋学义跳崖时留下的伤，也见证了宋学义务农时种田的辛劳。2009 年，宋学义被中央宣传部等 11 个部门联合授予“100 位为新中国成立做出突出贡献的英雄模范人物”等光荣称号。

瞬间辉煌与终身坚守

葛振林跳崖获救之后，这个硬骨头的老兵带着战友的意志，比以往更加狠烈地投入战斗中，历经天津、张家口、太原战役，还参加了江西剿匪战斗，最后一役是抗美援朝。葛振林用一次次的战斗祭奠战友。他的奉献已经无愧于战友，但是他从来不拿自己的事迹出去宣传，即便很多单位让他去作报告，他也从不轻易谈起狼牙山的事。葛老很想回河北老家，但更“害怕”回老家，因为当年村里与他一起参军的有十几人，到解放时，只有他一人幸存，其他人都牺牲了。这些在战火中逝去的战友们，是他心中永远的痛。虽然在南方生活几十年，他的口音依然是乡音，几乎没有改变。

新中国成立后，葛振林先后在湖南省军区警卫团当过后勤处副主任，在湖南省公安大队当过副大队长，也在湖南省军区当过警卫营长，但是这些基本都是在基层的

小贴士

抗美援朝:20 世纪 50 年代初,中华人民共和国政府应朝鲜民主主义人民共和国的请求,为保家卫国,粉碎以美国为首的"联合国军"对朝鲜民主主义人民共和国的侵犯,派出志愿军于 1950 年 6 月至 1953 年 7 月赴朝进行战斗。2021 年 9 月,"抗美援朝精神"被列入中央宣传部公布的第一批中国共产党人精神谱系。

警部单位。有一次当工作人员问到他:"您是老英雄,战功显赫,有没有什么感想?"葛振林也只是笑着回答说:"我能活到今天,已经很满足了,这是战友们留下我看世界呢!我是替他们活着,想起他们已经牺牲了,我就悲伤不已,哪里还能计较什么个人名利!"葛振林就是这样一个淡泊名利的革命军人。

葛振林的孩子们是看了电影和学了课文之后才知道,自己的父亲,就是那位喊着"打倒日本帝国主义"跳下悬崖的英雄。他在家里从不讲自己的故事,孩子们有时候好奇地问他,他笑呵呵就过去了。长子葛长生说:"父

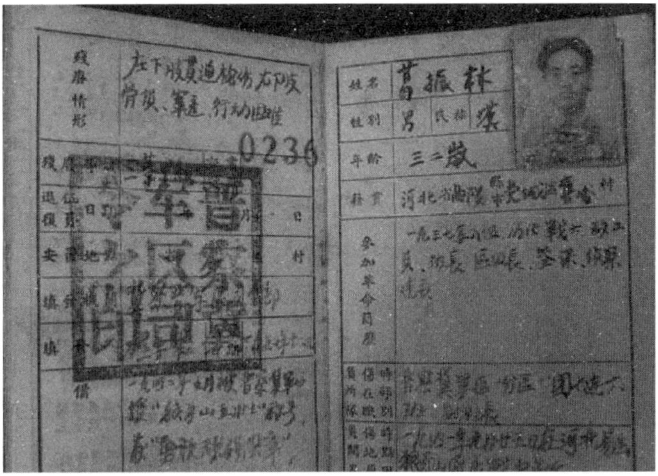

狼牙山五壮士之一葛振林的伤残证

亲的奖章就放在家中角落里。他认为，一个军人，完成任务是很正常的事情。他们这一辈人，很多都打过仗，都很勇敢，所以我父亲更是觉得这件事没有特别的。‘人们尊敬我是狼牙山壮士，但和那些长眠于地下的战友相比，我又算什么呢？光荣属于党和人民。’”

1981 年 7 月，葛振林从衡阳军分区（现衡阳警备区）后勤部副部长岗位上离休。离休后的他依旧忙碌，把晚年的大部分精力用在关心青少年成长上，相继担任了驻地 10 余所中小学的校外辅导员，经常去学校为孩子们说故事、讲传统、谈理想。他还应邀先后到北京、河北、河南、湖北、广东等 10 多个省、自治区、直辖市的部队、机关、学校和厂矿，义务作传统教育报告 400 余场次，听众 30 多万人。虽然葛振林很少向中小学生忆述狼牙山那一幕，但每次他都叮嘱孩子们：“珍惜现在的好条件，好好学习，祖国的江山打得多不容易啊！”1988 年，国家教委、共青团中央授予他“优秀校外辅导员”荣誉称号。

在葛长生眼中，父亲从不向组织提任何要求，也要求家人不能因为他的特殊身份而给组织添麻烦。他常说：“想起那些长眠在狼牙山的战友，我总觉得自己得到的太多了！”

当社会上有人质疑五壮士跳崖的真实性时，葛振林听说后义愤难平地去了衡阳军备区，给年轻的战士们一讲就是一整天，把当年战斗跳崖的经过讲了个透彻。讲到最后情绪激动地说，如果跳崖是他一个人的事，无论别人说什么他忍一忍也就过去了，但这是集体行动，面对质疑他不出来发声，就对不起牺牲的战友们。

在大家眼中，葛振林是一位谦逊和蔼的长者。衡阳黄茶岭街角上卖菜、擦鞋的小商贩都清楚地记得这位总是穿着旧军装、戴着黄军帽的慈祥老人，他却从来没有讲过自己辉煌的战斗经历和功劳。“不像个英雄，倒是个瘦瘦的干巴老头。”在街角摆擦鞋摊的大姐说，这位来自湖北的妇女自己学过《狼牙山五壮士》的课文，但葛老和她想象中的不一样，没有架子，常来问寒问暖，让她心里觉得“蛮温暖的”。

葛振林不仅十分低调，而且日子过得十分简朴，保持着军人艰苦卓绝的本色风格，始终穿着一身旧军服见人。他觉得自己穿着这身衣服，就不会因为翻身而忘了本，在如今战友用鲜血和生命换来的和平年代，更要严格要求自己。他不仅自己不占公家好处，对家人要求更是如此。葛振林家中兄弟姐妹，全都是农民，生活艰苦。老三常年有病，家里连看病的钱都没有，家人希望葛振林能跟组织提一下。葛振林一口回绝：“现在有饭吃，有衣穿，比小时候翻山越岭找吃的不知强了多少倍。要我求组织照顾，没门！”葛振林一生严于律己、勤俭节约，子女中除一人参军外，其他人都在工厂上班，和普通人一样，后来先后下岗。

2005 年 3 月初，葛振林老人昏迷前在病榻上最后一次接受《中国国防报》采访时动情地说：“共产党人只能信马列，刀架在脖子上也不能动摇！”“人是要有骨气的，共产党人更要有骨气！”“任何时候都要有骨气！”葛老的声音充满了坚毅的力量。临别时，葛老还殷切地叮嘱他：“只要永葆先进性，党的事业一定会成功！”据葛老家属介绍，那次谈话后，葛老就一直处于昏迷之中。这番深情的话语竟成了这个有着60多年党龄的老党员、老英雄的“遗嘱”。2005年3月21日，葛振林老人在衡阳走完了他88个春秋的光辉人生。

3月25日上午，2000多名军民冒着蒙蒙细雨来到衡阳市殡仪馆，向这位名垂青史的抗日老英雄作最后的告别。透明的水晶棺中，一面鲜红的党旗覆盖在葛振林老人身上。“抗日狼牙山一跳成壮士，英雄事迹彪史册；跟党干革命万险砺志士，赤胆忠心扬美名”，长长的挽联，高度浓缩了英雄的一生。在千里之外的“狼牙山五壮士连”，全体官兵也肃立在连史馆前为葛老送行。1997年1月18日，葛振林最后一次回到老连队，亲笔为连史馆题写了馆名。2004年7月13日，连队代表来看望老英雄时，葛老又寄语连队官兵：“发扬传统，与时俱进，再立新功。”官兵们还盼着老英雄再回连队去看看，没想到这12个字成了葛老留给大家最后的嘱托。“狼牙山五壮士”永远和7连官兵在一起。

葛振林的病逝对于中华儿女来说是一个巨大的情感冲击。老人去世后的3天时间内，近5万名群众自发到狼牙山景区悼念英雄，几十万名网民在互联网上同悼英魂。曾经感动了几代中国人的老英雄又一次感动了中国。一位外国媒体驻京记者的帖子写道："这是中国民族精神在民间觉醒后的又一次高涨。"

狼牙山五勇士纪念雕像（狼牙山风景区提供）

回望葛振林的一生，是让人动容的一生，他用一生践行了"俯首甘为孺子牛"的奉献精神，他用一生履行了对党的承诺与誓言。纵使被世人称为英雄，他也丝毫不以英雄自居，而是坚守初心、默默奉献、安守清贫，感动了无数中国人。事实证明，一个人一生为人民做一两件好事并不难，难的是自始至终都能够保持崇高的气节为人民默默奉献。葛老时刻牢记生命不光是为自己而活，也同样在替逝去的战士而活，在这样的信念支撑之下，葛振林用自己纯粹和奉献的一生证明了自己的英雄本色。

英雄已逝　精神长存

“狼牙山五壮士”的英雄壮举，令日本帝国主义闻风丧胆，展现了中国共产党领导的抗日武装宁死不屈、血战到底的战斗精神。5 名普通战士在面对日本帝国主义侵略并且敌众我寡的危难时刻表现出来的大无畏姿态，妇孺皆知，感动了几代中国人，是中华民族不朽的精神丰碑。这些为民族大义而将生死置之度外、永远将百姓安危放在第一线的勇士永远值得人们尊敬，永远是吾辈楷模！

以狼牙山五壮士之一的名字命名的学校——宋学义中学，2001 年在宋学义故乡河南省沁阳市建成。同时，宋学义塑像也在学校落成。新生入学第一个月要听故事、看电影，了解宋学义和狼牙山五壮士的事迹，让学生向英雄学习，培养学生的爱国主义精神。宋学义中学、宋学义故居和沁阳市烈士陵园已成为当地爱国主义教育基地。

在英雄马宝玉的家乡张家口蔚县，乡亲们没有忘记“壶流骄子”马宝玉，并以不同的方式纪念着他。远眺下元皂村口，旁边的土崖上巍然屹立着一座雕像。到村口后，沿着单砖铺就的阶梯拾级而上，来到崖顶，灰砖垒成的“长城”沿着山体蜿蜒伸向远方。“长城”围着一块平坦的坡地，中央矗立着抗日英雄马宝玉的雕像，烈士碑上写着：“马宝玉烈士永垂不朽。”在下元皂小学陈列室的墙壁上，贴满了狼牙山五壮士抗击日寇的图片和各种题词。

小贴士

“壶流骄子”：蔚县陈家洼乡下元皂村，距县城 20 余公里。下元皂村坐落在壶流河畔下游。壶流河水养育了这里的村民，马宝玉被人们称为从这里走上抗日道路的“壶流骄子”。

而蔚县为了纪念马宝玉，先后命名马宝玉小学和马宝玉中学，县里也会定期举行纪念烈士的活动。马宝玉不仅是蔚县人民的骄傲，更是张垣（张家口）大地的骄傲。

而在容城县的郭村，乡亲们为胡德林、胡福才这两位容城子弟而骄傲，将他们树为榜样，为他们竖起了一座纪念碑，让两位英雄为国捐躯、为民奉献的精神时刻警醒、激励着当地群众，这是亲人们对他们的永久思念！他们的纪念碑与狼牙山五勇士纪念塔遥遥相望，成为党的百年历程中红色精神最深沉写照。

现如今，马宝玉、胡德林、胡福才三位英雄长眠于狼牙山脚下的北娄山烈士陵园。陵园内绿树成荫，草木葱茏。陪伴在他们身边的，还有抗日战争时期牺牲在狼牙山地区的1000多名无名烈士。英雄们继续守护着这片他们深爱着的土地。

巍巍狼牙山，悠悠英雄魂。2001年6月，河北易县建起了“狼牙山五勇士陈列馆”，杨成武将军亲笔题写馆名。陈列馆的庄严肃穆与秀丽的景色相融合，静静坐落于狼牙奇峰之中，鼓励鞭策着五湖四海前来追忆革命先烈的人们，成为河北省爱国主义教育基地。

尊崇英雄　传承荣光

2015年是中国人民抗日战争胜利70周年，习近平总书记发表重要讲话：“天地英雄气，千秋尚凛然。一个有希望的民族不能没有英雄，一个有前途的国家不能没有先锋。包括抗战英雄在内的一切民族英雄，都是中华民

狼牙山五勇士陈列馆(狼牙山风景区提供)

族的脊梁,他们的事迹和精神都是激励我们前行的强大力量。”回顾百年党史,九一八事变、七七事变等每一个中华民族危难的时刻,总有无数中华儿女奋不顾身,与敌人抗争到底,成为民族脊梁。不仅是抗战时期,和平年代为保一方安宁,无数英雄们舍小家为大家,不惜流血献身。这些英雄大多是平凡的普通人,没有显赫的地位,没有优越的家世,但关键时刻他们却让自己平凡的生命绽放出了最璀璨的光芒。

近代以来,据不完全统计,约有 2000 万名烈士为国捐躯。放眼世界各国,无一不维护爱戴着自己的民族英雄，人们也自觉地把爱戴、崇敬英雄作为精神洗礼的方式。习近平总书记有着深沉的英雄情怀，“崇尚英雄、捍卫英雄、学习英雄、关爱英雄”始终萦绕在总书记心头，他在多种场合表达了对英烈的缅怀、对历史的敬畏，称赞“狼牙山五壮士”是千千万万抗日将士的杰出代表，是中国人民不畏强暴、以身殉国的杰出代表。这是党和人民对五位壮士的最高评价，他们的英名必将永载史册。

“一个没有英雄的民族是不幸的，一个有英雄却不知敬重爱惜的民族是不可救药的。”这是郁达夫当年在纪念鲁迅先生大会上的讲话，至今读来依然振聋发聩，发人深省。2014 年 9 月 30 日，中国以立法形式将此日确立为烈士纪念日。

2018 年 4 月 27 日，十三届全国人大常委会第二次会议全票表决通过《中华人民共和国英雄烈士保护法》。从设立国家勋章和国家荣誉称号制度到出台《中华人民共和国英雄烈士保护法》，缅怀烈士、尊崇英雄正在成为新时代的新风尚，这是对民族英雄的最好纪念。这也许最能表达此时此刻，中华儿女“始终没有忘记”的情感。

唯有传承英烈的风骨，才能挺起中华民族的脊梁；只有铭记英烈的遗志，才能拥抱更美好的未来。也许我们不曾经历过那段历史，但我们一定不能忘记那段历史。

崇尚英雄才会产生英雄，争做英雄才能英雄辈出。同样，遗忘英雄是在遗忘历史，诋毁英雄是在磨灭信仰。如果那些为国家民族大义敢于牺牲自己生命的英雄渐被遗忘，那么相对应的这段历史也会被抹杀、遗忘，一个民族的精神脊梁就会被折断，这是一个民族真正的危险。更甚者，一些别有用心之人企图用抹黑英雄、恶搞历史的方式磨灭民族信仰，这是真正用心险恶之人，我们应该竭尽所能澄清历史、揭示真相、以正视听，这是每个中华儿女应承担的社会责任。

中华民族是崇尚英雄、成就英雄、英雄辈出的民族！新时代是大有可为的时代，新时代是需要英雄并且一定能够产生英雄的时代。我们纪念逝去的英烈，而纪念是为了中华民族更好地前行。让我们永远铭记狼牙山五壮士，铭记屹立在狼牙山顶勇敢跳崖的五壮士光辉形象，铭记每一位用鲜血和生命换来祖国大好河山的前辈先烈们，继承其遗志，珍爱和平，坚定历史自信，为实现中华民族伟大复兴而不懈奋斗。

参考书目

1. 中共中央党史研究室. 中国共产党历史：第一卷[M]. 北京：中共党史出版社，2011.

2. 河北省委党史研究室. 中国共产党河北历史：第一卷(1921—1949)[M]. 北京：中共党史出版社，2019.

3. 张宪文. 中国抗日战争史：第三卷[M]. 北京：化学工业出版社，2016.

4. 军事科学院历史研究部. 中国人民解放军战史：第二卷[M]. 北京：军事科学出版社，1996.

5.《聂荣臻传》编写组. 聂荣臻传[M]. 北京：当代中国出版社，2006.

6. 聂荣臻. 聂荣臻回忆录[M]. 北京：中国人民解放军出版社，2007.

7. 杨成武. 杨成武回忆录[M]. 北京：中国人民解放军出版社，2005.

8. 中共河北省委党史研究室. 华北抗战实录[M]. 北京：中共党史出版社，2005.

9. 日本“防卫厅防卫研究所战史室”. 大战前之华北“治安”作战[M]. 日本朝云社，1979.